ネクサス・コモンズ

NEXUS COMMONS

イノベーションを超える創生空間のつくり方

前田 明洋 × 栗本 英和

株式会社オカムラ
はたらくの未来研究所

国立大学法人 名古屋大学
教養教育院 教授

白揚社

ネクサス・コモンズ

イノベーションを超える創生空間のつくり方

PROLOGUE

　西カリフォルニアの初夏の日差しは、日本のそれよりはるかに強いが、日陰に入ると心地よい初秋のような涼しさを感じる。幅広の路肩に植えられている芝生には、スプリンクラーの散水でできた小さな虹のアーチが幾重にもかかっている。シエラネヴァダ山脈からの雪解け水の豊富な水源がつくる、この地域ならではの小さな街風景にまた会うことができた。

　サンノゼ空港を降りて、ヘルツで予約しておいたシヴォレー・カマロを借りると、エル・カミーノ・リアルに乗りコリアタウンを抜け、宿泊先のメイプル・トゥリー・インへ寄り道なしで向かった。ハイウェイの車線の広さとその巡航速度が心地よい。それは解放感というより、長旅の疲れを発散させる良い刺激剤だ。

　宿泊先に着くと、姪っ子が連れ合いといっしょにロビーで待ちくたびれていた。彼女は、大学を卒業して社会人経験の後に、理工系大学院に入り直して専門的な知識を身につけた苦労人だ。今は、グリーンカードを取得して、米国企業で働いている。再会の挨拶はそこそこにして旅の荷物を部屋に放り置くと、お腹を空かせて待っていてくれた二人のために、宿近くにあるブラック・アンガス・ステーキハウスへ出かけた。未来有望な若者たちと、久しぶりの再会を喜び合い、短くもこのうえのない時間を過ごした。

　姪っ子の夫は、インド出身のスタートアップ企業の技術者だ。二人は、ここサンノゼ市に居住しているのだが、毎日一時間以上かけて、オフィスがあるサンフランシスコ市内へ通勤している。フリスコ市内のアパートは、高額所得者を目当てにした高止まりの家賃のおかげで、とてもじゃないけれど借りることができないとぼやいていた。そのためなのか、ウエストフィールド周辺の繁華街には、生活拠点を失った路上生活者たちが溢れていて、着飾って街中を闊歩《かっぽ》する「若い成功者たち」と入り交じった異様な光景をつくっているという。

そんなサンフランシスコ市の経済的な繁栄と発展の原動力になっているのが、シリコンバレーと呼ばれている地域である。ベイエリア南端に広がるこの一帯は、成功を夢見る世界中の若いスタートアップ候補生たちの聖地であり、イノベーションを先導するグローバル企業の戦略拠点として、ビジネスを志している人間であれば、知らない者はいない。

確かにシリコンバレーは、世界中にイノベーションをもたらせた多くの「天才」たちを生み育んできた。しかしそれは、ジョブズやザッカーバーグのような、若くて独創的な才能という特権を持った人物だけが成しうることなのだろうか。

この地に溢れているのは、イノベイティブな企業や研究開発機関が発信する最先端の輝く光だけではない。先に挙げたような、それらに照らされることのない闇の部分も多く内包する。そんな光景を見聞きしていると、一つの大きな疑問が湧いてきた。普通の、より多くの人たちが、同じような偉業を成し遂げることができ、繁栄を共有できるような仕組を創り上げることはできないのだろうか。

◆◆◆

本書は、次世代の社会の基盤になるような「新しい価値」を創生する手法と、それを実行する最適な空間環境はどうあるべきかを探求したものです。

イノベーションが発動する仕組を構造的に捉えて仮説を立案し、そのプロセスを「イノベーションを発動させる」ためのPBL（Problem/Project Based Learning）実習プログラムに落とし込みました。それを名古屋大学教養教育院のエース・ラボS（ACE Lab S）教室において実践し、ごく一般の人たちでもイノベーションを発動させられるスキルやセンスを身につけられる手法であることを検証しました。さらに、イノベーションを発動させ、それをソリューションとして実用化するために必要な『創生の場』のあり得る姿を創案し、それを《ネクサス（絆）・コモンズ》と命名し、知識創造の理想的な空間環境について多くの提案を示しています。

本書は、イノベーションを実現しようとしているすべての個人と組織の方たちに向けた、一つの提案として書かれています。これが、皆さまの学業・研究・業務の参考に少しでもなれば幸いです。

令和元年9月吉日

前田　明洋
栗本　英和

ネクサス・コモンズ　目次

第2章　イノベーションを超える「創生の場」

第4章　イノベイティブ思考を育むケース・スタディ
―「考想する」協創のプロセスをどう醸成するか

付録B　名古屋大学体験型講義におけるファシリテーションの実例

はじめに　日本のイノベーションの傾向と課題

日本のイノベーションはどうあるべきかを考える

これからイノベーションを発動させる仕組を考えて行く前に、まずは今日の日本の社会と経済がどのような経緯をたどり、今後はどういう方向に進む可能性があるのかを推測してみることにします。なぜなら、イノベーションは、その必要性をさまざまな分野で叫ばれていますが、歴史的な観点を見過ごしたり見誤ったりすれば、その実現すべき方向性を見失う可能性が高くなると考えたからです。

１９９０年頃からの十年ないし二十年間を「失われた十（二十）年」として日本経済の減退を言い表わすことがあります。このテーマを扱った書籍や報道記事は数多く書かれています。この現象についても、感情的そしてネガティブに扱うのではなく、人が成長する過程には怪我や病気をすることもある、というような捉え方をして、それを打開する方法論を模索しながら日本のイノベーションのあり方を探っていこうと思います。

■国際競争時代からグローバル競争時代へ

日本の社会と経済は、1945年に太平洋戦争が終結した時点の底辺から、1960〜70年代にかけて高度成長を成し遂げました。戦後は、文化的にも欧米、とくに米国の影響を強く受け、それを見倣うがごとく消費財の需要が高まった時代でありました。戦後からわずか8年後の1953年には、NHKをはじめ民放各局でテレビの本放送が開始され、そこに映し出される米国のテレビドラマには、長屋の居間より広いキッチンに大型の冷蔵庫や見たこともない家電が置かれていました。当時の日本国民の大多数が、憧れと同時にそれらへの購買意欲（需要）を喚起していたことは想像に難くありません。（註0-1-1）

その意識のためか、最も生産に注力された製品群は、欧米にあって日本にないものが中心でした。そして、外貨為替が、1ドル＝360円と固定化されていたこともあり、欧米からの輸入品は高嶺の花であった反面、輸出事業では極めて有利な条件でビジネスを展開することができました。世界の他国も、第二次世界大戦の爪痕をいち早く修復するがために、安価に手に入れることができる製品を数多く必要としていたのです。このような国内外の需要を満たすため、物品は「作れば売れる」とばかりに大量生産され、日本の国内総生産（GDP）は飛躍的に増加しました。（註0－1－2）

このような高度成長に伴う経済社会は、需要（市場）自体が拡大していくので、あたかも無限に継続していくかのような錯覚を覚えてしまう成長路線を走ります。誰も参入していない新しい市場ばかりではなく、既存既知の市場にも新参者を受け容れるキャパシティがあったので、多くの企業が設立され収益を上げていきました。連合国軍占領下で、連合国軍最高司令官総司令部（GHQ）によって財閥組織が解体されていたことも、拍車をかけた一つの要因になりました。必然的に、物価全体が上昇し経済が活性化すると同時に、生産と販売の増収増益を担保にした労働者の可処分所得上昇が購買力を支えました。市場規模が拡大していくインフレーション経済の到来です。

しかし、市場は、無限に成長することなく、いつしか停滞を示すようになります。今まで手元になかったもの、とくに耐久消費財は、ほぼすべての消費者に行き渡れば新たに買う必要がなくなり、物品の新規需要は買い替え中心に変化します。さらに、市場を担う社会構成が変化することによって、大きく需要が減少することがあります。例えば、人口の年代別の推移が変化して少子化現象が起きると、子供用衣類や玩具などの需要は絶対数が少なくなるので、製品の良し悪しや景気全体の動向に関係なく販売数が減ることになります。また、スマートフォンなど、常時携帯する端末機に搭載されているカメラ装置が、機能的に向上することで、コンシューマ向けのデジタルカメラ機がほとんど売れなくなってしまうことも同様です。これを構造不況といいます。結果的に物品の必要価値が下落することで、継続的に市場価格が下がり、販売による利益確保が難しくなります。市場経済は活性を失い停滞し、デフレーション経済となります。

デフレーション経済は、負のスパイラルを生みやすい構造になっています。何らかの理由で物品の販売が低迷すれば、その生産を担う労働者の賃金が減少し、必然的に彼らの購買力が低下すれば、さらにも増して販売が低迷する、ということが繰り返されるのです。日本では、１９８０年代後半に起こったバブル経済の終焉とともに、急速に経済力が下降していきました。これを加速していった一つの大きな経済的な潮流があります。グローバル化経済です。

グローバル化された企業（組織体）は、人財・資材・資金を世界規模で調達し、アイデンティティの中核を国家に帰属させず、組織体自体が存在の中核となって独立的に経済的発展をしていきます。国際化とグローバル化という言葉を混同してしまうことがよくありますが、その違いは実は明確です。スポーツに例えてみると、国際化経済競争は、国とその国に所属する選手が代表となり競い合うオリンピック大会ということができます。それに対してグローバル化は、サッカーのクラブチームが競い合うクラブワールドカップに似ています。プロのサッカークラブチームは、都市を活躍のベースとしていますが、選手は自国出身者だけとは限らず、さまざまな国籍やバックグラウンドを持ったプレイヤーが所属し、そのチームが試合で勝ち、世界でナンバー1になることを目標にしています。

さて、日本の企業（組織体）は、海外から原料を輸入して国内の生産拠点で製造し、それを輸出することで利益を上げていました。このビジネスモデルには、ある欠点があります。為替レートの変動が、販売利益を大きく左右させるということです。輸出販売による利益は、生産品のサービスを含んだ品質の良し悪しに関わらず、自国貨幣の価値が相対的に上がってしまうと自ずから販売価格が上昇し、販売量や利益率の減少によって収益が下がるという構造です。製造工程を効率化してコストダウンを図ることでその差額を解消することもできますが、上昇比率が一定レベルを超えた場合、企業（組織体）の一般的な自助的努力では対処しようがなくなることがあります。（註0-1-3）

それに対して、グローバル企業（組織体）は、世界市場の中で、原材料を最も廉価なルートで仕入れ、品質を担保できる範囲で最も生産コストが低い拠点で生産し、世界中に販売します。日本製品は「高品質で低価格」であることが大きな付加価値を生みました。ところが、日本製品と同等（やや低くても可）の品質で、製造コストのより安い製品が作られるようになれば、とたんに日本製品の競争力は失われるのです。このことは、東南アジア諸国の工業生産力が、質と量の両方で飛躍的に向上したことによって、避けがたい現実となってしまいました。（註0―1―4）

■デフレーション経済の後に何が来るのか

デフレ経済が進行すると、成熟経済に発展することがあります。成熟経済社会は、物品が満たされている状態で、人の「モノ」に対する需要、というより欲求がとても少なくなります。物品を所有する喜びが希薄になり、所有物に対する思い入れがなくなって、「モノ」は単に機能すれば良いという傾向が広がります。反面、精神的文化が発達していきます。つまり、自分という存在（自己主張）を物品で表現するのではなく、「何を成し遂げるのか」「自分とは何か」という方向に意志が向いていくようになります。

例えば、１９８０～90年代頃の若い男性たちの間では、自動車を買い所有することが、人生目標の一つでした。好きな女性と出かけることイコールそれはドライブに行くことであり、日常的な飲食の質を下げ、生活に多少の無理をしてまでも、高価な外国車やスポーツカーなどを買い求めていた時代もありました。そして、どのメーカーのどんな車種のクルマを選ぶかが、その人自身の生き方を表現していました。

成熟社会になるとこのような「モノで自分を表現する」ことが少なくなります。そして、物品は、所有するのではなく他人と「共有」するのが普通になります。高価な物品ほどこの傾向が強く表われるようになります。

ビジネスコンサルタントのレイチェル・ボッツマン（Rachel Botsman）と起業家のルー・ロジャース（Roo Rogers）は、その著書「シェア（*SHARE*）」の中で次のように述べています。「私たちは、CDが欲しいのではなく音楽を聴きたいのだ。ディスクよりもその中身が欲しい。留守番電話ではなくてそこに吹き込んであるメッセージが必要だ。DVDはいらなくて、映画が見られればいい。言い換えれば、私たちはモノ（それ自体）よりも、それによって満たされるニーズや経験を求めている」。そして、「いらないものを『使わない』場所から『もう一度使う』ところへ動かすことが、今では身近で、便利で、割に合うようになった」とし、物品の需要と供給をマッチングさせる再分配市場とシェアリング・

コミュニティの発達を提示しています。

物品が新たに生産されて販売され、消費され廃棄されていく。その後、また新しい物品を購入するという大量消費モデルは、成熟社会では著しく衰退していく可能性が大きいと考えられます。共有できないような物品を除いて、シェア経済は段階的に浸透していくことでしょう。

■さらに成熟経済社会のその先は？

成熟経済社会が到来した後は、どのような経済社会に変化していくのでしょうか。仮説ではありますが、二つの可能性があると考えています。それは「定常化経済社会」と「駆逐型経済社会」です。

定常化経済社会とは、物品に対する欲求が成熟経済社会よりさらに希薄になる社会です。新しい価値に対する評価は、ほぼ精神的文化に限定され、物品に対する需要は、老朽化や消費による買い替えのみになります。要は、消費により減った分だけ作り足すというような需要形態です。経済活動は、官公・民間に関わらず、生活必需品および精神文化活動に関わるビジネスが中心となります。賃金は、その成果内容によって多少の上下はあったとしても、同一労働については一定一律で、生涯上昇しません。

ベーシック・インカム（Basic Income）という考え方があります。政府が国民に対して、労働の成果があるなしに関わらず一定の金額（生活費）を支給するという制度です。この制度については賛否ありますが、これを組み合わせることで、より実質的な生活安定型の社会が実現することになります。

このような経済環境は、ユートピアでありかつディストピアでもあるでしょう。過当競争はないけれども、発展段階がまったくない（または限られている）世界となるからです。歴史的に見ると、鎖国政策をとっていた江戸時代の中期から末期にかけて似た様相だったといえるかもしれません。

次に、駆逐型経済社会とは、成熟していった既存の市場の中で、消耗戦のような競争をしていくのではなく、常に自らまったく新しい市場を創り出して、そこで成長的な経済モデルを構築することです。最初に挙げたインフレーション経済のように、経済環境全体が成長していくのではなく、部分的、ごく小規模な業界に限定して爆発的な需要形成が行なわれていくというモデルです。社会全体は、成熟の方向に緩やかに移行していくなか、局所的に大きな爆発的な経済活動が行なわれる形です。深淵で静寂な宇宙空間の中で、超新星が爆発（Supernova Explosion）するような経済モデルです。この過程の中で産業は、新たに創造・開発される製品・サービスと、低コストで定型化された消費財の生産・サービスに二分化され、一部の既存の市場や業種が、部分的な破壊と再構築を繰り返すことが想定されます。

この経済モデルでは、恒常的に新しい市場を開拓していくことが発展の絶対条件になります。既存の市場における線形な発展は、もはや望めないという状況だからです。そのために、日常的な利用勝手に基づいた、一定の完成レベルにある製品やサービスに対する、必要以上の持続的な改良・改善努力は、ほとんど付加価値を生まなくなります。この新しい市場を開拓するためには、「イノベーションを発動させられる」ことが、個人・組織体の必須の命題となっていきます。

■立ち止まるユートピアか、発展する開拓の道か

成熟経済社会は、欧州の先進国の一部にはすでに到来しつつあるように見受けられます。日本にもその傾向が見え始めました。世界の経済は、ごくわずかに残された地域を除いて、市場拡大型の成長経済モデルを段階的に終焉させつつあります。

今後、私たちは、どのような経済モデルを理想として、社会活動の道を歩んでいけば幸せになれるのでしょうか。人によっては、定常化経済社会のような、変化が少ないけれども安定しきった社会を望むのかもしれません。一見、理想郷に見えますが、この経済社会モデルは、大きな落とし穴があるように思えてなりません。それは、衰退の道を示している気がするからです。

仮に社会全体が均等に発展推移していくことはないとしても、人は向上心がある限り、ポジティブな意味で大きな変革を起こし続けて、自分たちの生活意識全体をアップグレードしていくことを心がけることが大切であると信じます。

駆逐型経済社会がそのための最適なモデルであるかどうかわかりませんが、その発展可能性が、社会全体を理想的な方向に牽引していく原動力にはなっていくと考えます。そして、それを実現するためには、必須であると思われる「イノベーション」を発動させることができる技術・技能を身につけなければならないと考えます。

しかし、現実にはそうは簡単に、イノベーションを実現させてくれません。それはいったいなぜなのか。イノベーションの構造を解明し、その発動に必要な人財と関係性、そしてどのような「場」において実現可能なのか考えていきたいと思います。

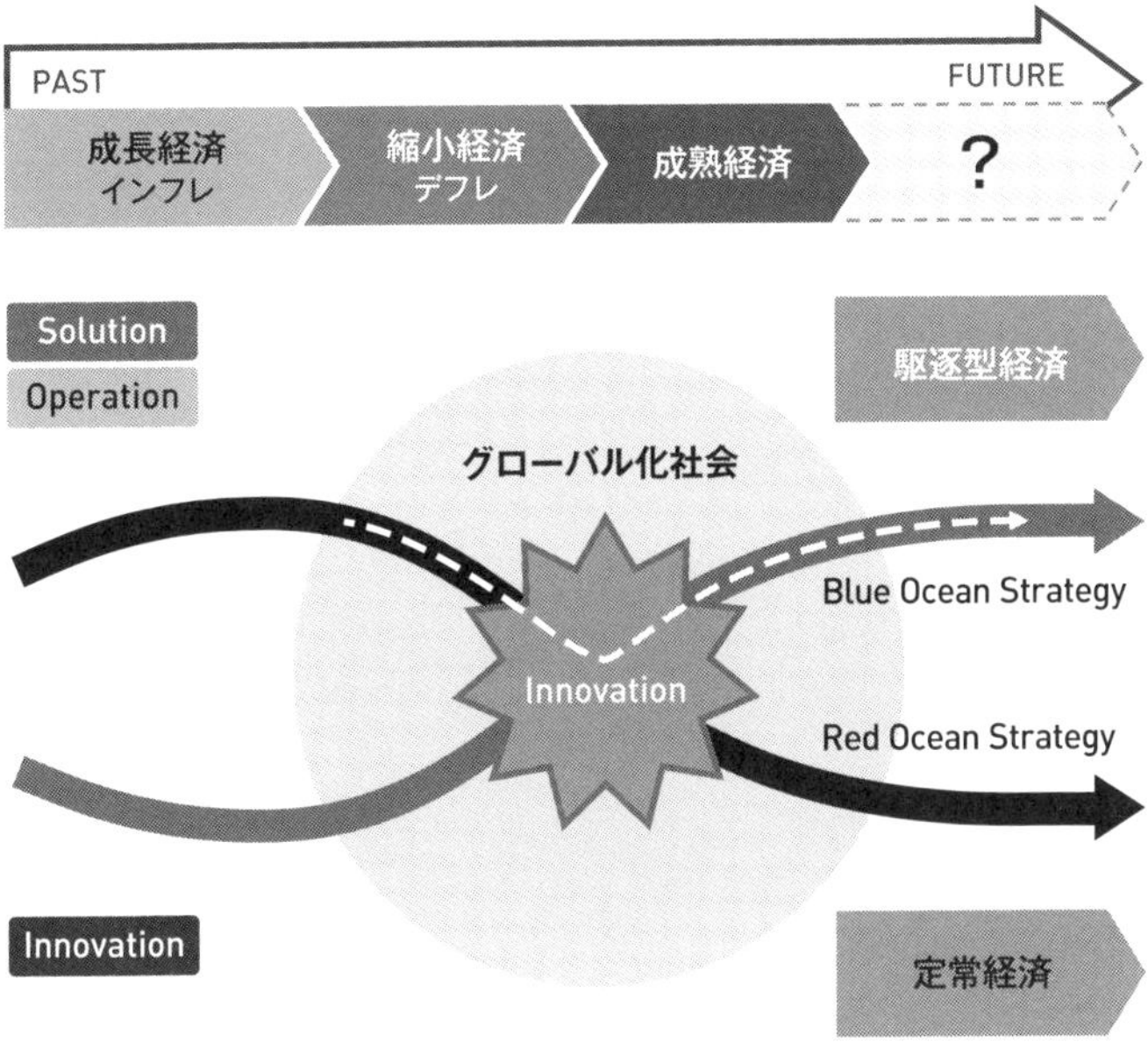

図0-1 経済モデルの推移と組織体の隆盛

第1章　イノベーション発動のメカニズム

1　イノベーションを再定義する

「イノベーション」という言葉は、ビジネス雑誌やインターネットのニュースサイトなどに毎日のように取り上げられています。また、企業経営者向けの講演テーマのキーワードとして、使われていない事例を探す方が難しいでしょう。ところが、それらの記事や主張をよく読んで比較してみると、その意味することがまったく異なっていたり、言葉のニュアンスに大きなずれがあったりすることが多くあることに気がつきました。これは、近年、イノベーションという言葉が、プロモーショナル・マーケティング（商品の購買意欲を駆り立てる動機づけ）の中で、感性的なキーワードとして用いられているからではないでしょうか。

感性的に認識された言葉は、その内容を受け取る個人個人によって意味合いが、微妙に、時には大幅に異なることがあります。これでは、イノベーションという事象の分析や議論を進めるにあたり、認識の共有化ができないばかりか、大きな誤解を招く可能性があります。そこで、まず最初に「イノベーション」という概念をきちんと再認識・再定義していきたいと思います。

■三つの思考スタイルとイノベーション

世の中にあるさまざまなニーズに応えていくための知的創造活動には、大きく分類して三つの思考スタイルがあると思われます。

具体的な例で説明しましょう。

ある衣料品店がありました。そこには二人の店員AさんとBさんが勤務しています。ある日、その店にお客さんが一人訪れて言いました。

「私に似合う服はあるかしら？」

店員Aさんは、「当店には、ワンピースもセーターもパンツも何でもあります。赤いの、青いの、黄色いの、丸首もV字ネックもございますし、サイズもたくさん揃えています。お好きな服を仰っていただければ、すぐにお持ちいたします」と言いました。

店員Bさんは、「どこにお出かけするときにお召しになりますか？」「そこでどんなことをなさいますか？」と尋ねました。また、「お見かけしたところ、この裾丈の服が可愛らしいかと思いますがいかがでしょうか？」「お客様の瞳の色や肌の感じからすると、この色合いがお似合いですよ」と言いました。


この二人の店員が持っている知識とその使い方が、それぞれまったく異なっていることにお気づきでしょうか。

店員Aさんは、店舗に在庫してある洋服の種類やアイテム数、そしてそれらがどこに在庫されているかという知識を豊富に持っています。おそらく「赤いVネックセーターのMサイズ」のような一定の条件を顧客がいえば、他の店員がコンピュータのキーボードを叩いて在庫している場所を探しているうちに、その品物を客の前に持ってくることができるでしょう。

店員Bさんは、そのような知識はあまり持ち合わせてはいませんが、自分の過去の接客経験やカラーコーディネイトのノウハウを活用することで、客が持っている固有の身体的特徴や訪問先の環境的情報から、その時々の最も適している服を提案することができます。

ここで、この店員Aさんが持っているような知識を活用する思考方法を「物事を正確に速く行なう」ことができる《オペレーション・タイプ》の思考スタイル、店員Bさんのような思考方法を「与えられた問題を解決する」ことができる《ソリューション・タイプ》の思考スタイルと呼ぶことにします。店員Bさんのソリューション・タイプの思考スタイルは、「どこに行くのか」「何をするのか」といった事実関係を尋ねて提案する分析・検証型と、「瞳の色や肌の感じからすると……」といったような対象の個別の特徴を捉えて提案する観察・共感型があります。

さて、それでは、次のような客が来店したらどうでしょう。


「今までに見たこともないような斬新な服がほしい！」


このような客の要望をかなえようとしたときに、店内にある既存の服の在庫（入手可能な商品）の知識がどんなにあったとしても、それを探すことは難しいかもしれません。なにしろ客は「今までに見たことも聞いたこともない……服」と言っているのですから。

また、どんなに豊富な過去の経験やノウハウを駆使して、その客が最も似合う組み合わせの服を提案したところで、必ずしもそれが「見たことも……ない斬新な」服になるとは限りません。

こんな客の要望に確実に応えるには、オペレーション・タイプでもソリューション・タイプでもない、三番目の思考スタイルである「新しい価値を創り出し、形にできる」スキルが必要になります。すでにある価値を覆して、今までまったく存在していなかったものをゼロベースで創り出す能力です。仮にこれを第三の思考スタイル＝《イノベーション・スタイル》と考えるとしたら、それはどのような思考方法なのでしょうか。

■クリステンセンのイノベーションの考え方

イノベーションという事象をアカデミックに論証している論文や書籍は、一般に多くみることができます。そのなかでも、ハーバード・ビジネス・スクール（HBS）の教授であるクレイトン・クリステンセン（Clayton M. Christensen）は、著書『イノベーションのジレンマ（*The Innovator's Dilemma*）』の中で、イノベーションには、二つの種類があると言っています。一つは、まったく新しい価値を創造することによって、既存の価値観に基づいた製品とサービスを駆逐してしまう破壊的イノベーション。そして、従来の価値観の延長線上にありながら、改良進化させて発展する持続的イノベーションです。

持続的イノベーションは、ある対象またはそれを取り巻いている環境に関して、それらの本質を変えずに、現在直面している具体的な問題を解決していく過程を経ることで連続的に生成されています。クリステンセンは同書の中で、コンピュータの記憶装置が、記憶容量の増加、サイズの小型化、動作の高速化などの発展をしていく例を挙げています。それに対して、破壊的イノベーションは、新しい価値を持った製品とサービスが現れたことによって、今までにあった物や事柄が（それ自体に何の問題をも内在していなかったとしても）一瞬にしてその存在価値を失い、駆逐されてしまう非線形的な事象です。

この違いをもう少し明確にしたいので、別の例を挙げて説明しましょう。

現代において、携帯電話という機器は、生活にも仕事にも欠かせることができない重要な道具です。これは最初、自動車に搭載しなければならないほどの大きさでしたが、人が肩から吊るして使えるようになり、やがてスーツの内ポケットに入れておいても決して型崩れを気にせずにすむサイズに進化しました。費用面でも、社会人だけでなく子供や学生も含めた一般の個人が、日常的に継続利用できる価格に下がりました。結果として、日本国民全員の人数以上の数が普及することになりました（持続的イノベーション）。（註１-１-１）

ところが、２００７年に米国企業のアップル社から「ｉＰｈｏｎｅ」が発表されると、それが大きく様変わりしてしまいます。日本人なら誰でも持っているはずの、主に文字と数字を表示する小型液晶スクリーンと機械式プッシュボタンを備えた携帯電話機は、全面ガラススクリーンを持ったスマートフォンに、瞬く間に置き換わってしまったのです。（註１-１-２）

ここで大切なことは、スマートフォンは、従来型の携帯電話が抱えていた問題点を段階的に解決して生まれた製品ではなく、モバイル・コミュニケータとしてまったく新しい概念によって新たにデザインされ、若者を中心とした新しい習慣・文化さえも生み出したことにあります（破壊的イノベーション）。

スマートフォンの本当の革新性は、意匠的デザインの違いだけではありません。プッシュボタン式の携帯電話が、主に「聞く・話す」といった音声情報（聴覚）主体のコミュニケーション・ツールであったのに対して、スマートフォンは、「見る・読む」という視覚認識を中心としていることに大きな違いがあります。つまり、この二つのコミュニケータは、形状や機能的に類似している部分は多くありますが、使用者が情報を認識する方法とその操作系統が大きく異なり、まったく異種の創造物であると捉えることができるのです。

クリステンセンは、共に「イノベーション」という言葉を用いて説明していますが、この二つの「イノベーション」は、その生成過程が大きく異なることがわかります。また、これを先ほどの三つの思考スタイルに当てはめて考えてみると、「持続的イノベーション」は、ソリューション・タイプの思考スタイルによって生み出されていますが、「破壊的イノベーション」を生み出すためには、ソリューション・タイプの思考方法では難しいことがわかります。

そこで本書では、その相違点の理解に混乱が生じないようにするために、この二つを明確に区別することにしました。以降、「破壊的イノベーション」をシンプルに「イノベーション」とし、「持続的イノベーション」に相当する事象を「ソリューション」と呼んで説明していきたいと思います。

2　ソリューションについて考える

イノベーションという事象を明らかにする前に、ソリューションについてもう少し詳しく考えてみたいと思います。なぜなら、イノベーションとソリューションを明確に分類することで、それぞれが果たすべき役割が異なることを、より明確に理解できると考えられるからです。

■ソリューションとは何か

ソリューションとは、その言葉の意味する通り、ある問題（Problem）が生じたとき、本来の機能が果たされていない仕組などについて課題（Issue）を設定し、解決する手段を講じることです。

この課題解決手法の最も重要な点は、その問題に中心的に関わっている「対象」と「環境」が、最も重要な検討事項になることです。

わかりやすい例を挙げて説明します。

人参が嫌いな子供がいます。その子供のお母さんは、その子の成長のため栄養豊富な人参を食べさせたいと考えています。ところが、その子は、料理の中に人参が入っていると、食べる前に丁寧に選り分けて必ず食べ残してしまいます。お母さんが食べない理由を尋ねると、人参の味と食感が嫌なんだと答えました。

そこでお母さんは、カレーを作り、そのルーの中に人参をすりおろして混ぜるという調理方法を考えました。その子供は、カレーのルーの中に人参が入っていることに気づかず「おいしいカレーだね」と言ってたくさん食べました。人参は、カレーのルーの中に完全に溶け込んでしまい、またカレーの香辛料のおかげで、その独特の味もあまりしなかったからです。

この例題を分析してみましょう。

この例題の「問題」は「お母さんは子供に人参を食べさせたいが、食べてくれない」ことです。「課題」は「料理の中に（固形の）人参を入れると選り分けて残す」ことと「人参の味と食感が嫌い」ということです。そこでお母さんは、カレーのルーの中に人参を溶け込ませるというアイデアによって、二つの課題を同時に解決しました。

それでは、この例での「対象」と「環境」は何でしょうか。「人参が嫌いで食べない子供」が対象で、「子供の食事は、お母さんが作る」が環境になります。ソリューションの第一の要点は、この対象と環境を明確にして、できるだけ直面している問題に関わる要件を絞り込むことです。

次に、問題に関する対象と環境を的確に設定することができたら、次に問題解消するための課題を立てることになります。この際に最も重要なことは、対象を「観察」し「共感」することです。これが、ソリューションの第二の要点です。この例では、お母さんが「子供に人参を食べさせたいが食べない」という問題に対して、子供を観察することで、料理の中の人参だけを選り分けて「人参以外は食べる」という事実を発見します。

このときに、お母さんが子供に対して、残した人参を無理に食べることを強制するという解決策もあり得ますが、それでは、子供にとって食事は楽しいひと時から苦痛の時間に変わってしまいます。この方法は、表面的な問題を一時的に解決するかもしれませんが、同時にそれとは別の問題が新たに発生してしまいます。それでは真の問題解決にはなりません。

そこで、子供に嫌な思いをさせることなく人参を食べさせるには、なぜ子供が人参を嫌うのかという「共感」が必要になるのです。ここでいう共感とは、子供が人参を嫌いな理由をあえて否定することなしに肯定した上で、解決策を考案することです。（註１－２－１）このように、ソリューションとは、解決するべき対象と環境を選択し、それらを観察することによって課題を見いだし、対象が共感できる解決策を立案し実行するというプロセスが大まかな思考の流れになります。

■ソリューションの適合停止、包含化と鵺《ぬえ》化

ソリューションは、ある対象に対して永久に行なわれ続けるものではなく、環境の変化がない限り、すべての問題が解消されて課題が解決し尽くす段階があります。

再び、携帯電話の例で考えてみましょう。携帯電話は、車載する大きさから発展的に小型化されてきましたが、永遠に小さくなり続けることはなく、一部の例外的機種を除いて、

まるで申し合わせたようにデザイン的な形状、とくに大きさが代わり映えしなくなりました。なぜそうなるかというと、人間が携帯電話を片手で握りその手の指でプッシュボタンを操作して、耳で音声を聞いて口で返答するという一連の動作に最も適した形状や大きさは、自ずから一定のものに収束していくからです。チャールズ・ダーウィン（Charles R. Darwin）とアルフレッド・ウォレス（Alfred R. Wallace）の仮説にもあるように、骨格構造などに違いのある異なった生物種であっても、一定の生存環境に最適化すると、同質の形体を獲得していくことと同様の現象だと捉えることができます。(註1-2-2)

このことを、「適合の停止」と呼ぶことにします。

では、この適合の停止状態であるにも関わらず、さらに無理矢理に進化させようとすれば、いったいどうなるのでしょうか。このような結果になったと思われる製品とサービスを分析してみると、概ね二つの傾向があることがわかりました。

一つは「包含化（足し合わせ）」です。これは、ある製品・サービスと他のそれとを単純に合体させることです。例えば、テレビモニターとビデオレコーダーが一体になった商品や、ファクシミリ機能がついた複写機・プリンターなどです。クレジットカード機能がついた身分証やショッピング・ポイントカードなども同様です。これは、ソリューションの対象となる製品とサービスが、質的に改良・発展していくのではなく、量的な発展（機能的な拡大）ということができます。この量的な発展は、便利な一面があると同時に、多くの欠点を内包しています。

例えば、ひとたび紛失したり故障したりすると、包含されている他の機能を同時にすべて失ってしまいます。また、その中の機能の一つを個別にグレードアップしたくなっても、全体を一斉に換えなければならなくなります。さらに、その組み合わせ方も個人の自由が利かないので、結局重複した機能を持った機器やカードを複数所有することになりがちです。合体させたそれぞれの機能の利用頻度と要求性能は、それを使う人によって個々に異なることが多いですから、このような足し合わされた製品とサービスは、多数のユーザーにとって、結果的に非効率で割高になりやすい傾向があります。

二つめは「鵺《ぬえ》化」です。これは、製品とサービスのバリエーションが無限に拡散していくことです。鵺《ぬえ》化は、ソリューションにおける「対象」と「環境」を絞り込まずに、拡散させてしまった場合に多く生じます。

先の「人参が嫌いな子供」の例で説明します。この問題の「対象」を、自分の子供に限定しないで、他の家庭の子供にまで広げてしまったらどうなるでしょうか。対象が増えることによって、嫌いな食材の種類は必ずしも人参だけとは限らなくなります。すると対策を考えなくてはならない要素が格段に増えてしまうので、対処方法がより複雑化し、解決策を導くことが難しくなります。

また、「環境」として、「お母さんが作る食事」以外の場合、例えば、子供が外食するときのことまでを条件の範疇に入れてしまうと、子供が食べる料理を誰が調理するか特定できないという別の課題が出てきてしまい、調理方法を工夫して課題を解決するという手段を講じることができなくなってしまいます。結果として、細かく複雑な枝葉に分かれた、無限に近い解決策のバリエーション展開をしなければならなくなるのです。

家電製品や電子機器がモデルチェンジされるたびに、機能や性能などが、一般のユーザーが望んでいる以上の高性能な仕様で提供されるようになり、それが高コストを招いてしまうという、無駄な技術的インフレーションもこの鵺《ぬえ》化の一種と考えることができます。この鵺《ぬえ》化を防ぐには、対象と環境を絞り込む段階で、複数の対象と環境に対応するために、可変的な部分を明確かつ合理的にデザインしておき、可変的部分にかかる運用的な負荷を最小限になるように設計することです。これが、ソリューションの第三の要点です。

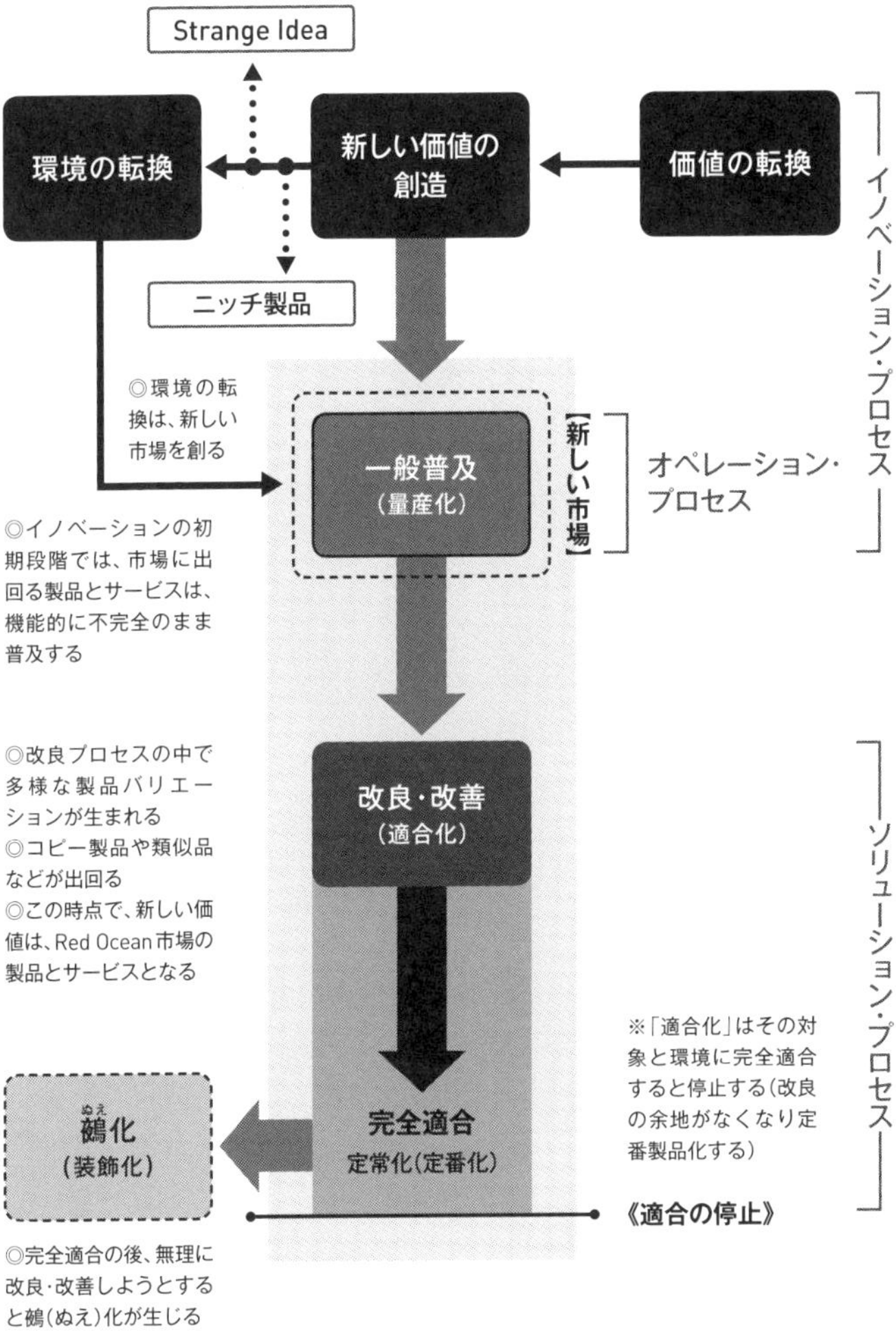

図1-1 イノベーションからソリューションへのダウンロード

■現実問題では避けられない「鵺《ぬえ》」化

ソリューションは、その問題解決のための答えが一つとは限らないとよくいわれます。なぜかというと、現実に直面する問題は、状況次第で対象と環境が複雑に変化することがあるので、それに伴い、立案するべき課題と解決策も変わらざるを得ない場合が多くあるからです。つまり、実社会における実践的な問題には、「鵺《ぬえ》」的な要素を完全に除外することが難しいということです。

例えば、「お母さんが作る食事」ではなく、料理店の場合のソリューションを考えてみます。料理店は、顧客一人ひとりの好みに合わせて料理を作り分けることは、現実的にはできません。しかし、その欠点を補完するために、カレーの専門店の中には、辛さ加減を予め何段階か用意しておき、具材なども顧客がバリエーションの中から選択して注文できる店舗があります。さらに顧客ごとの好みを微調節するために、卓上に調味料などが提供されていることもあります。

また、中華料理のように揚げたり焼いたりする温料理が中心のメニュー構成を持つ料理店の場合は、夏場には店内の冷房を強めにする、冬場は暖房を控えめにする、というように食事をするときの環境を調節している店舗があります。このような些細な工夫も、「鵺《ぬえ》」

的な要素をできるだけ抑えつつ、多くの人が満足できる料理を提供するためのソリューションということができます。ソリューションとは、正解ではなく最適解を導き出すプロセスということです。

このような「鵺《ぬえ》」的要素を含んだ問題に的確に対応するためには、専門知識だけでなく、ある一定以上のケーススタディを経験することで得られる体験的な知識が重要になります。体験的な知識とは、一つの問題について解決策を実行したとき得られた結果（成功した、または失敗した）の積み重ねです。それは、類似した問題が新たに発生したときに、考え出した解決策が成功するか、あるいは失敗するかを予測する大きな手助けになります。また、課題に対する解決策を適用する質的・量的な度合いを、適度に調節できるスキルも与えてくれます。

「故障した自動車を修理する」という課題で考えてみましょう。

ある日、自動車を運転していたらエンジンが急停止してしまった、という故障が起きたとします。これを直すためには、その原因を特定しなければなりません。単に燃料を使い果したという場合もあるでしょうが、点火プラグの作動不良、燃料気化装置や冷却装置の故障など、特定の機械部品が損傷している場合が多く、それを特定するには自動車の専門的知識が不可欠です。

修理に必要な知識はそれだけではありません。なぜ故障が起きたか、というような環境的要因に関する知識が必要です。季節が夏であるのか冬であるのか、故障した場所は舗装道路だったのか不整地なのかなどの自動車が使用された環境が故障を誘発することが多いからです。これらがわからないと同じ故障が再発する可能性が高くなるのは明らかです。この環境的要因は、汎用的に特定しづらいその自動車個別の問題なので「鵺《ぬえ》」的な要素といえます。

優秀な修理技術とは、対処的に損傷部品を単純に交換することだけでなく、再発防止の対策を含めた、長期的な視野に立つ最適な修復方法を導き出すことです。そのためには、故障が起きた真の原因を見つけ出す必要があり、過去の多くの修理事例を参照しながら、現在の状況との類似性を推測し、実際の具体的な対応策を構築しなければなりません。このスキルは、修理件数を数多く繰り返すことで、個人の「暗黙知」として培われます。

医師や弁護士または経営コンサルタントのような職業においても、経験値が最も重要視されるのは、この理由によるからと考えられます。

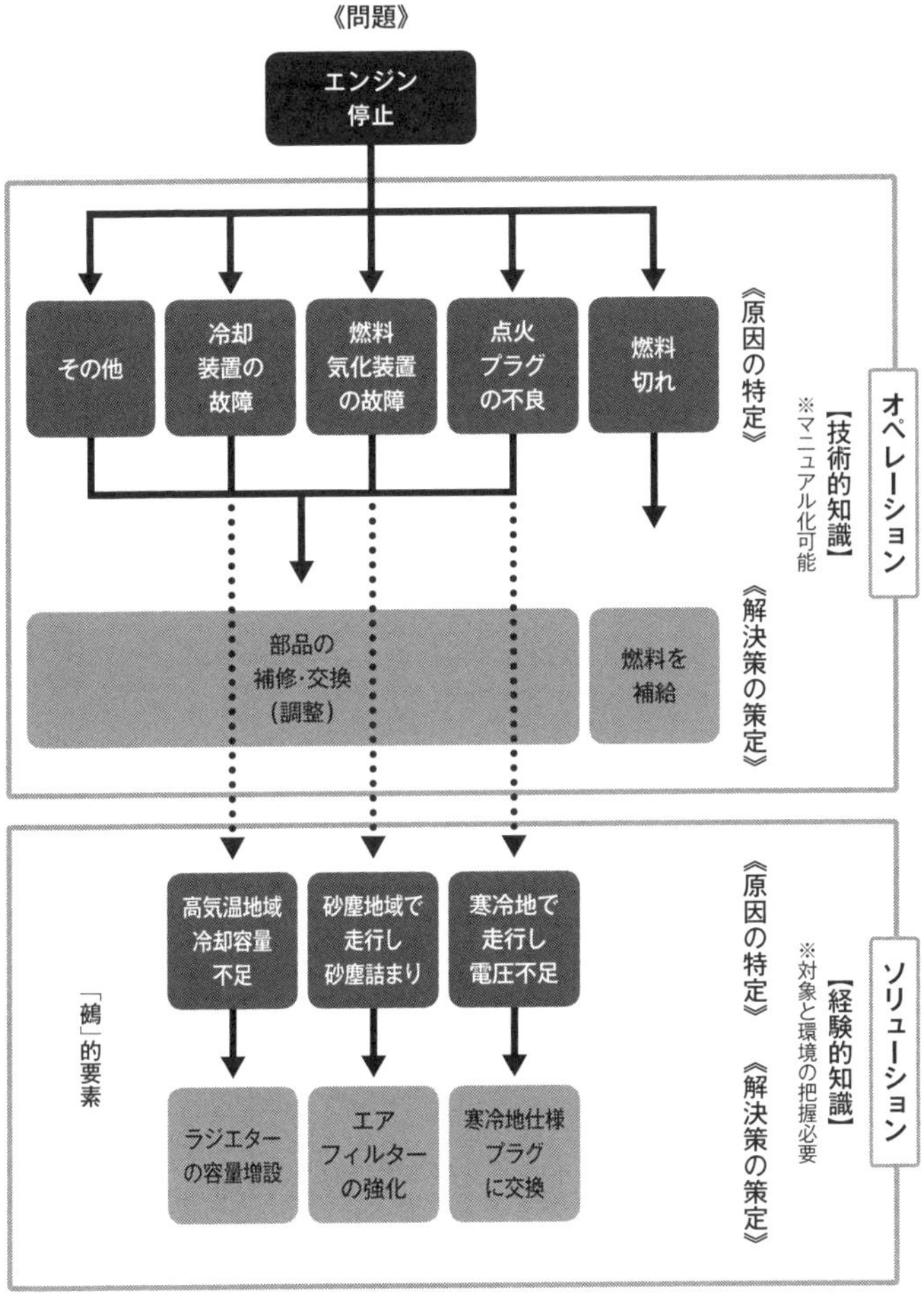

図1-2 ソリューション・スキル・マッピング

■AIがソリューション・ビジネスを駆逐するか

ソリューション・ビジネスは、現在において、最も利益を生んでいる中核的なビジネス形態です。はたまた、日本の企業が最も得意とするビジネス・スタイルであるといわれています。しかし、未来永劫にそうであり続けるのでしょうか。

「GAFA」と呼ばれる企業があります。ニューヨーク大学スターン経営大学院教授であるスコット・ギャロウェイ（Scott Galloway）の著書によれば、GAFA（Google、Amazon.com、Facebook、Apple Inc.）とは、世界を塗り替え、支配している（企業の）四騎士であり、人と人との新しいつながりを創り、その発明によって莫大な経済的繁栄をもたらしたということです。

この「GAFA」企業の大きな特長は、いわゆる一般的な、人間を介したソリューション・ビジネスをその経営の中核にしていないことです。彼らが担うソリューション・ビジネスは、コンピュータ・プログラミングによるサービスであり、それはインターネットを経由したネットワークによって運用されています。

このような形態のソリューション・ビジネスは、この四企業だけに留まることはなく、世界中の先進的な企業が事業をスタートさせています。そして、極めて近い将来には、ほとんどすべての経済活動において、このビジネス・パートが「ＡＩ（Artificial Intelligence）」によって代替されてしまうかもしれません。

所説では、ＡＩコントロールによる自動機械化は、人間が担っている比較的単純な労働作業とその管理を代替するといわれていました。しかし、それを実行するには、実は膨大な設備投資が必要になります。

例えば、倉庫で商品をピッキングし、梱包して、鉄道やトラックなどで配送し、カスタマーの自宅まで届ける業務を、ＡＩコントロールによって全自動化するには、自動搬送システムと、自動運転による配送システムなどを完全に機械化しなければなりません。そのための初期投資、さらにそれを維持するための定期的なメンテナンス、機能改善・向上のためのアップグレードなどにかかるコストは、尋常ではないほど莫大になり、大企業でさえ全面的な導入には躊躇するかもしれません。悪い見方をすれば、需要の変化に対応できないリスクのある大規模な物量的投資をしなければならないのであれば、ローコストの人海戦術の方が合理的になってしまう可能性もあります。

これは、あくまでディストピア的な仮説ではありますが、シリコンバレーを訪れたときに、シンギュラリティ大学のフェローやスタンフォード大学の研究員と議論した結果、得

ることができた見解でもあります。（註1-2-3）

もし仮に、ソリューション・ビジネスが、人間が仲介する形態ではなくなり、ＡＩによる自動化が（たとえそれが一部であったとしても）実現したとするなら、社会活動として人間が担う役割分担は、「新しい価値を創る」パートと、（ローコストで行なう）「物事を正確に速く行なう」パートの二つになってしまうかもしれません。

さて、そうなるとするならば、皆さんは、どちらを選択したいですか。

3　イノベーションとは何か

新しい価値を創り出し、それを形にするためには、どのような思考方法が必要になるのでしょうか。一つの既存の存在価値を駆逐してしまうような「アイデア」は、どのようにして生まれるのでしょうか。本章では、イノベーションの構造を分析し、その複雑な特性を説明したいと思います。

■イノベーションを発動させる二つの重要なポイント

イノベーションの根源的な役割は、社会生活の在り様を変えることにあります。そのための最も重要なポイントは、物事の「本質を変える」ことです。この本質を変えるということを成し遂げていない製品とサービスは、それがどんなに優れた技術的な進化の成果であったとしても、あくまでソリューションによる産物であると区別したいと思います。

それでは、物事の本質を変えるには、どのような思考をすれば良いのでしょうか。ここで、物事の本質を変える一つの方法論を提案したいと思います。

それは、「価値の転換」と「環境の転換」です。

「価値の転換」は、その物事が従来持っている「(それが存在している)価値」をまったく別の物に置き換えるということです。物事の「価値」には、「本質的な価値」と「付帯的に追加された価値」がありますが、ここで変える必要があるのは、「本質的な価値」の方です。この本質的な価値を、まったく別のものが持っている価値に置き換えてしまう。または、その物事が持つ本質的な価値と付帯的な価値をそっくり入れ替えてしまうことによって、その物事の果たす役割を根本から変えてしまうことが「価値の転換」です。

スマートフォンの例でいえば、パーソナルコンピュータが持っている付帯的な価値の一つであった「デジタル通信機能」、すなわち、メールやチャット、SNS(ソーシャル・ネットワーク・サービス)などのコミュニケーション装置を切り取って、携帯電話機の規格サイズの中に封じ込めることによって、スマートフォンは、「移動しながら音声通話ができる個人占有の機器」から「移動しながら視覚情報を総合的に双方向交換できる個人占有の機器」に本質的な価値の転換を果たしています。（註1-3-1）

次に、「環境の転換」は、物事がどのような状況で使われているかという条件を変えてしまうことです。ここで示す「環境」とは、その物事の「本質的な価値」を発揮するために、それを利用する人たち、利用する場所や時間、目的などを指します。これを他の物事と置き換える、または、まったく想定していなかった環境を新たに与えることが「環境の転換」です。

この「価値の転換」と「環境の転換」という水平思考的な発想を同時に起こさないと、イノベーションは発生しないことがわかりました。価値の転換だけであると、それは単なる「アイデア倒れ」の製品とサービスになってしまう可能性が高く、環境の転換だけであれば、それは既存の環境の中に埋もれてしまい、見向きもされない製品とサービスになってしまうかもしれません。もう少しわかりやすく説明すると、「価値の転換」は製品とサービスを創り、「環境の転換」はそれが流通する市場を創るのです。

この「価値の転換」と「環境の転換」が相乗効果をもたらして大きくヒットした製品とサービスの事例をご紹介したいと思います。それは、「食玩」です。食玩が登場する以前の製品は、「お菓子」を売る（美味しく食べてもらう）ことがその本質的な価値であり、そのお菓子を買う特典として「おまけの玩具」が付属している（付帯的な価値）という製品でした。食玩は、その両者を逆転させて、大人でも見紛うような精巧な模型（玩具）を製品の主体（本質的な価値）にして、申し訳程度の飴やチューインガム（付帯的な価値）を付属させました（価値の転換）。

さらにそれだけでなく、「環境の転換」として、その製品が流通する経路を変えたのです。本質的な価値を変えて「玩具」になった製品なら、本来それらが売られているはずの店舗は、玩具店・模型店、デパートのおもちゃ売場となります。ところが、食玩は、あくまで「お菓子」であるという理由で、コンビニ店やスーパーマーケットなどのお菓子売り場で販売されました。

一般に、玩具店の客層は、概ね子供ないし彼らの親御さんだけとかなり限定されています。さらに、似たような玩具が数多く並べられている売場の中では、それが突出した売上を達成することは難しいでしょう。反対に、コンビニ店やスーパーマーケットは、老若男女ほぼすべての客層が訪れる場所であり、製品として玩具などは通常取り扱っていない種類の店舗です。そこに、その中でひときわ異彩を放つ、精巧な造りで、誰でもがよく知っている動物や恐竜の題材を模《かたど》った「食玩」が、気軽に買うことができる値段で並べられていたら……。

この事例のように、イノベイティブな製品とサービスが大ヒットするためには、「価値の転換」と「環境の転換」を同時発動させる必要があるのです。

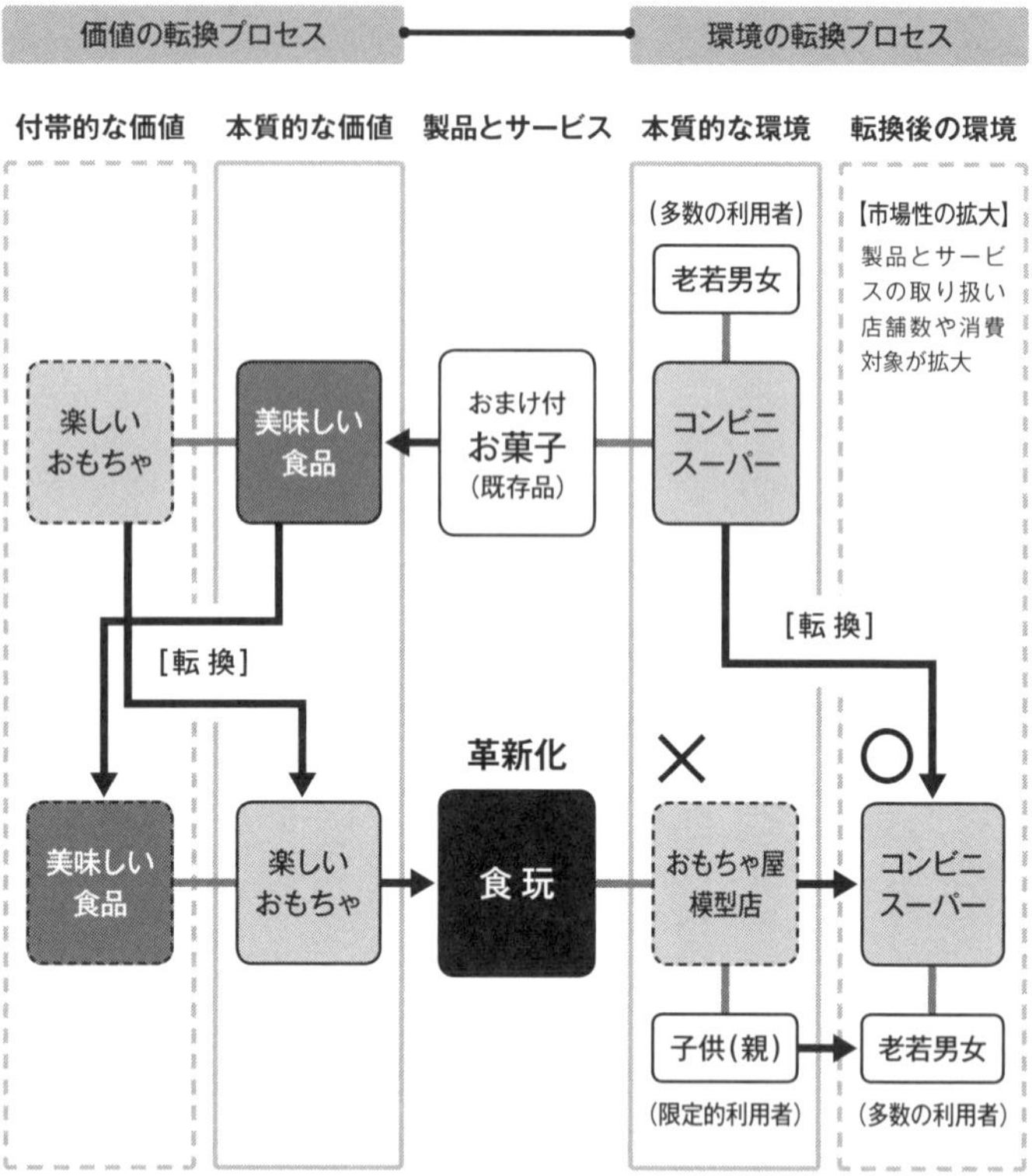

図1-3 価値の転換・環境の転換モデル

■イノベーションにおける多様性の影響力

イノベーションとソリューションとでは、それを実行するために必要なスキルが異なります。ここでは、イノベーションを発動するために必要と考えられるスキルについて考えていきたいと思います。

多様性（ダイバーシティ）は、イノベーションを発動させる上で、欠かせない要素といわれています。

ミュンヘン工科大学とＢＣＧ（ボストン コンサルティング グループ）が２０１６年に行なった共同調査は、イノベーションに関わる多様性がもたらす影響力について、次のような報告をしています。（註１‐３‐２）

調査対象としたドイツ、スイス、オーストリアの１７１社の企業のうち、分析に必要な情報が得られた98社のデータを分析したところ、直近三年間の新製品やサービスの収益が占める割合をイノベーション発現率と仮定したときに、多様性が高い人員構成である企業ほど、それが高い数値を示していました。

多様性の度合いが高い企業は、そうでない企業よりも平均で、直近三年間の革新的な製品とサービスがもたらした収益が38％も多く生み出されていたことがわかりました。（註１‐３‐３）

この調査レポートによれば、多様性という要素は、間違いなくイノベーションの発動の重要な要素と考えることができるでしょう。

しかし、多様であれば何でも良いのではありません。

「スタンフォード・ソーシャル・イノベーション・レビュー」誌に掲載された論文によると、多様性には性質の異なる二元性が存在していると言っています。

多様性には二つの種類があります。それは「内在的な」多様性（Inherent diversity）と「獲得的な」多様性（Acquired diversity）です。その違いを綿密に調べました。「内在的な」多様性は、「生まれ持った」違い、例えば、性別、民族性や性的指向などの生来持っているものに起因する差異を表わしています。一般的に多様な構成のワーカーグループには、その中に自然と多くの女性、少数民族、ゲイたちが所属しています。これとは対照的に、「獲得的な」多様性は、あなたが誰であるかではなく、あなたが経験し学んだことによってどのように行動するかが問われます。たとえば、海外での居住体験が異なる文化の良い点を認識させ、ゲイの兄弟と一緒に成長するなら、ＬＧＢＴの個性を持つ人たちに関わる試みを、彼らの気持ちに立って考えることが上手くできるようになるということです。

内在的多様性と獲得的多様性を両立させている集団に導かれている上場企業は、より革新性が高く、競争に極めて強いということを発見しました。これらの企業は、この二元的多様性（Two-dimensional diversity）が不足している企業よりも、新しい市場を獲得する確率が70％高く、市場占有率を拡大させる確率は45％高くなっています。

ではなぜ二元的多様性は、このような競争力を得ることができるのでしょうか。われわれの研究成果は、多様性のあるリーダーとワーカーたちは、力強く精力的に働いており、全員で貢献できる術を持っていることを示唆しています。内在的多様性のあるワーカーたちは、「勘所」を直感的に理解し、未開拓の市場の潜在的なニーズを察して、自分たちのチームに貢献します。具体的にいうと、少なくとも一人のチームメンバーが、そのチームのエンドユーザーと同じ特性を持っているなら、チーム全体は、自分たちがイノベーションをもたらす依頼人または顧客をより良く理解できることになります。例えば、チームメンバーの一人に、自分たちのクライアントと民族的な一致性があれば、そうでないチームよりも152％もクライアントを理解できる可能性が高くなります。（註1-3-4）

■イノベーションに必要な多様性の要素

先の「スタンフォード・ソーシャル・イノベーション・レビュー」誌の論文が指摘している多様性の二元性の内容を列記してみると次のようになります。

内在的多様性（Inherent diversity）

・国籍（Nationality）
・信仰宗教（Religious background）
・性別（Gender）
・年齢（Age）
・性的指向（Sexual orientation）
・人種／民族性（Race/Ethnicity）
・経済的境遇（Socio-economic background）
・障害（Disability）

獲得的多様性（Acquired diversity）

・文化に精通していること（Cultural fluency）

・世代間の理解力（Generational savvy）
・性差の前向きな認識（Gender smarts）（筆者意訳）
・技術的能力（Technological literacy）
・分野横断の知識（Cross-functional knowledge）
・グローバルな経験（Global experience）
・軍隊経験（Military experience）
・多言語能力（Language skills）

この内容を注視して考察すると、イノベーションとソリューションそれぞれに必要な多様性の要素が見えてきます。

ソリューションに必要な多様性は、その対象と環境に関する知識に長けた要素を持った内容になります。例えば、米国向けの製品とサービスを開発するならば、米国出身者や米国に居住経験のある人財が不可欠でしょうし、想定されるユーザーが女性であるならば、女性メンバーを外すことは考えられないでしょう。また、鵺《ぬえ》的な要素を解決するために体験的知識は必要になりますが、幅の広い体験ではなく、特定分野に特化した知識になります

（自動車の修理をするのに、飛行機の機械的構造の知識や修理経験は不要ということです）。

スタンフォードの論文にも書かれていますが、ソリューションは、その特性上、内在的多様性がとくに必要になる傾向があり、獲得的多様性に関しては、必要ではあるけれど、そこに観察と共感の要素が欠けていれば、ソリューションとして不十分な結果になってしまう可能性があります。

さらに、内在的多様性についても、万能鍵《マスターキー》のように常にどんな対象と環境にも通用する多様性を持っているというメンバーは存在しないと思われます。つまり、ソリューションは、常に決まったメンバーで運営されるのではなく、そのプロジェクトの対象と環境の特性によって、中心となる参画メンバーが常に入れ替わりながら対応する体制が最も効率的であるということがわかります。

では、イノベーションの場合はどのような多様性が必要になるのでしょうか。

イノベーションとは、物事の「本質を変える」ことで、そのために価値の転換と環境の転換を行なう必要があると説明しました。この二つの転換に必要な人的特性を考えてみることにします。

イノベーションは、ソリューションと異なり、その初期段階において、特定の対象と環境を選ぶことがほとんどない事象だということです。したがって、内在的多様性は、不要ではないにしても必須の要件とはいえないと想定できます。では、獲得的多様性の方はどうでしょうか。価値の転換とは、一つの製品とサービスが、本来持っている本質的な価値を変えることですから、そのためには幅の広い知識や考え方が必要になる作業であるといえます。また、それを実行するためには、ある分野の専門的知識が不可欠になるでしょう。獲得的多様性は、イノベーションにとって必須の要件といえそうです。

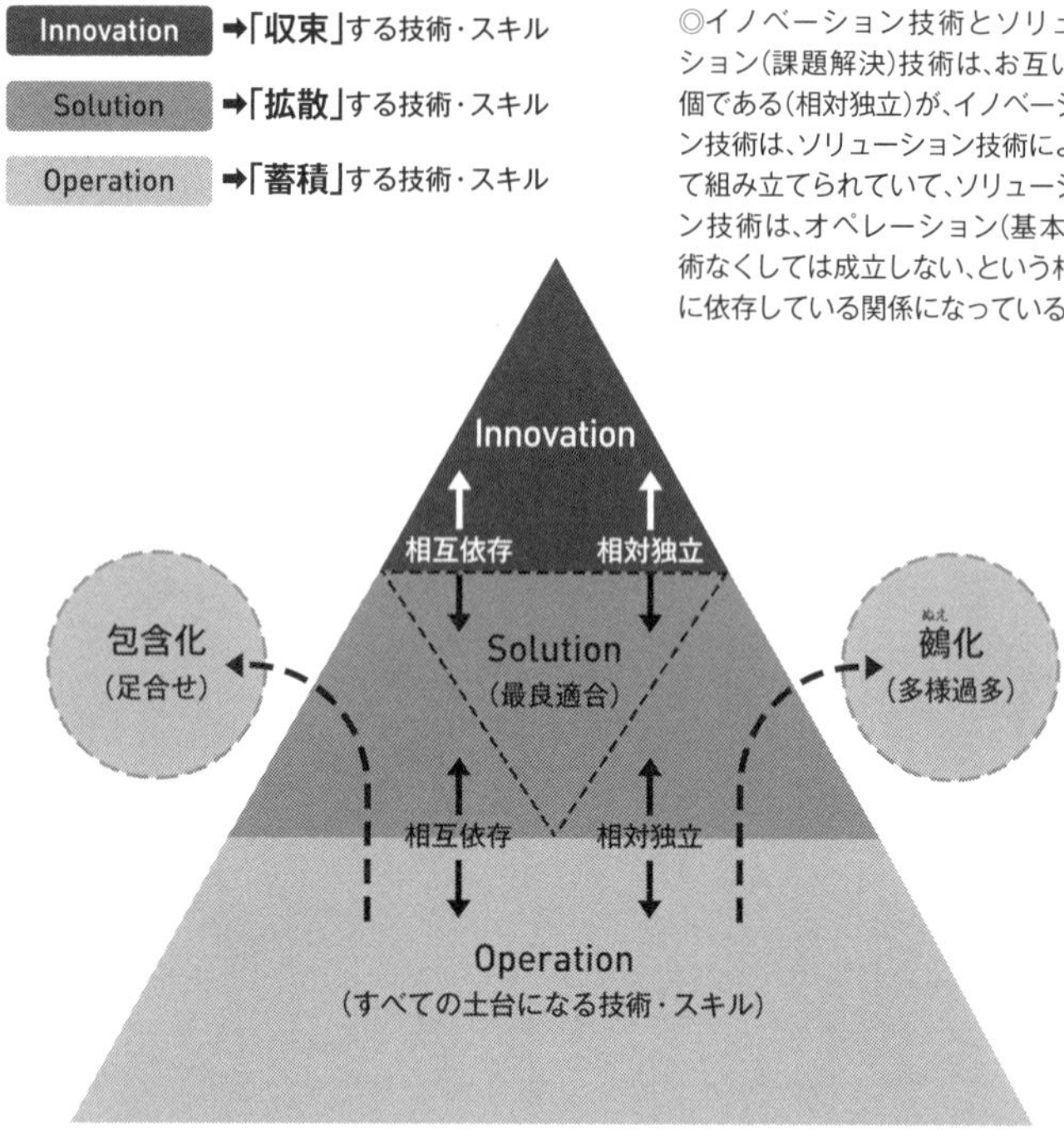

本図は、富樫宜資氏が考案した三角形三段階関連区分理論図形をもとに、発展的に解釈・応用した。

図1-4 イノベーションを支える技術的な構造モデル

4　イノベーションが持つ大きな課題

イノベーションは、決して万能選手ではありません。良いことばかりではなく、デメリットも多く内包します。また、これを成功させるには、多くの課題を克服しなければなりません。

■不確実性が高いイノベーション効果

イノベーションは、物事の本質を変えた製品とサービスを生み出すことで、今までに存在しない価値観を創り出し、新しい市場を開きます。マーケティングの理論では、このような存在しない市場の可能性を予測することは極めて難しいといわれています。それはなぜかというと、イノベーションによって成された（価値の転換と環境の転換の結果生まれた）新しい価値を持つ製品やサービスとその市場は、それを必要とするユーザー層とその規模を特定することがとても難しいからです。ソリューションであれば、常にその対象と環境を考慮するので、マーケティングの規模と持続性をある程度精密に推察することは可能です。イノベーションでは、それができないのです。

イノベーションの不確実性には、もう一つ理由があります。それは、その初期段階では、製品とサービスとして不備が多く、その内容が不完全であることが多いからです。

先のモバイル・コミュニケータの例でいえば、スマートフォンは革新なツールではあるけれど、その初期モデルは必ずしも万人向けのツールではありませんでした。なぜなら、視覚障害のある方にとっては、視覚情報中心に機能するスマートフォンを使用することが難しいという事実があったからです。反対に、機械式のプッシュボタン式携帯電話であれば、ボタンの位置を触覚で把握できるので、電話をかけることができます。また、製品・サービス自体の完成度が低い場合も多く見受けられます。画期的で非常に便利なツールであったとしても、その機器やインフラの信頼性が低いために、市場に受け入れられずに消滅してしまった例も多くありました。

■ソリューションと混同されるイノベーション

イノベーションという現象、またはそれによって生み出された製品とサービスは、とても複雑な構造を持っています。

イノベーションという事象は、価値の転換・環境の転換プロセスを経て発案された革新的なアイデアが、具体的な製品やサービスに展開されていく過程の中で、既存のソリューション的な技術に支えられ、それらが入れ子状態のように複雑に絡み合いながら発展していきます。先の例でいうのなら、スマートフォンという機器は、全体では「まったく新しい価値を持った」（破壊的イノベーション的な）存在でありながら、それを構成している部品群は、既存製品を改良・発展させたソリューション（持続的イノベーション的な）製品を用いて組み立てられています。また、前項で説明したように、イノベーションの初期の不具合は、ソリューション的な技術によって是正されながら定着していきます。

そのため、イノベーションとソリューションは、混同されてしまうことがあります。たとえば、よく見かける例として、雑誌記事などで「イノベーションで問題解決をする」というようなキャッチコピーがあります。

イノベーション自体は、何の問題をも解決しません。イノベーションは、今までにない新しい価値を持った製品とサービスが、新たに創られた市場に展開していくだけです。それらが展開される市場が、たまたま従来のソリューション・ビジネスの延長線上にあるとき、破壊と駆逐が生じるのです。その際には、問題を解決するどころか反対に新たな問題を生じさせる可能性もある事象なのです。

例えば、電話のない（使わない）社会があったとします。そこでの通信手段が直接的な対話だけだとしたときに、そこに突然、携帯電話またはスマートフォンが導入されたらどうなるのでしょうか。おそらく、互いのコミュニケーションがとても便利になるかもしれませんが、破壊や駆逐されるものは何もありません（待ち合わせ場所にある「伝言板」くらいはなくなるかもしれませんが……）。

ここで注意したいことは、この電話のない（使わない）社会が閉じた小規模なコミュニティであった場合、携帯電話やスマートフォン自体がまったく不要な存在であるかもしれないことです。「どうせ後で会うから」「夕方には帰ってくるから、そのときに伝えればいい」というような感じでコミュニケーションが成立しているとすれば、高価な機器の代金と通信料金を支払い、外出するたびに持ち歩く煩わしさを凌ぐメリットはないでしょう。

このように、イノベイティブな製品とサービスは、必ずしもその社会が持っているフィジカルな問題解決の手段になるとは限りません。ある特定の問題を解決するのは、ソリューションであり、イノベーションではないのです。

■進まないオープン・イノベーション

組織横断型の取り組みとしてオープン・イノベーションという概念があります。これは、ハース・ビジネススクールおよびカリフォルニア大学バークレー校の教授を務めるヘンリー・チェスブロウ（Henry Chesbrough）が提唱した考え方です。一つの組織、企業体の内部で閉塞的に行なわれる垂直統合型のイノベーション開発（クローズド・イノベーション）は、多様性を持つ人材登用や開発資金面などの問題で、イノベーションの発動が困難です。この状況を打開するために、組織外の人財・資金・技術と共同・連携して行なう仕組がオープン・イノベーションで、世界的に提唱され実行されつつあります。

しかしながら、日本国内では、あまり進捗していないように感じられます。いくつかの企業や研究機関（大学）では実行されていますが、全国的な規模で活性化しているようには見受けられません。また、オープン・イノベーションを推進するために、フューチャーセンター、コワーキングスペース、イノベーションハブ、インキュベーション施設などが、欧米に倣って全国各地に数多く運営されていますけれど、そこで革新的な発明が数多くなされたとはあまり聞かないようです。オープン・イノベーションを阻害する要因が何かあるのでしょうか。

■革新的アイデアは、いったいどこで生み出されているのか

イノベーションを発動させるには、クリエイティブな空間が不可欠と言われています。それでは、そこがどのような空間であるか、想像してみてください。そこは、どんな雰囲気で、どのような形状と色合いの家具が置かれている機能空間でしょうか。雑誌などで紹介されるような、小洒落たオープン・カフェのようなカジュアルな雰囲気を持つ空間、無垢材や突板材をふんだんに使った高級感溢れるリゾート・ホテルのゲスト・ルームなのでしょうか。

ここで、一つの実験研究成果を紹介します。

名古屋工業大学の社会工学専攻建築・デザイン分野の須藤美音准教授と研究チームは、次のような調査研究を行ないました。

ナレッジ・ワーカーが知識を創造の各プロセスごとにどのような空間を選択するのかを明らかにするため、大学研究室に所属する学部4年生、博士前期・後期課程の理系学生198名を対象に調査を行ないました。知識創造プロセスを、単純作業、情報収集、研究結果のまとめ、思考・発想の四段階に分類し、それぞれがどのような空間環境で行なわれているかを調べたのです。その結果、この四つの行為についていずれも「研究室の自席」の割合が高いが、その中で、「思考・発想」では、他の行為より「研究室の自席」を選択する研究者が少なく、さまざまな空間が選択されていました。さらに、「研究行為により空間を変更する」グループの121名のうちの48%が、「思考・発想のみ空間が異なる」ことがわかりました。(註1－4－1)

この研究成果から類推できることは、思考・発想、つまりアイデアを出しそれを意味づける行為は、ある特定の空間環境に固定されていないということです。わかりやすくあえて拡大的に解釈すると、個人によってアイデアが浮かぶ場所はそれぞれ異なり、個人ごとに「特設」的な空間環境が必要になるということです。

万人向けの汎用的な創造力を発揮できる空間環境は「ない」ということです。

この調査研究は大学の研究部門を対象にしていますが、特殊な環境での事例であって、企業や他の組織体とは事情が異なるのではないか、と思われるかもしれません。しかし、大学で専門的な知識と技能を身につけた人財が、その後社会に巣立っていくということを考えると、社会に出たからといって、この志向性が大きく変化するとは考えにくいでしょう。むしろ、大学研究室における知的ワーカーは、与えられた特定の施設での行動を強制されることが少ないので、実態としての行動特性が顕著に表われていると推測することができます。

■組織体の成長過程と変遷

一般的に企業や公的機関などの組織体の成長と発展が、どのようになされていくかを考えてみます。

組織体の成長と発展は、創業期、成長期、安定期の三つの期間があります。官公・民間の区別なく、新しく設立される組織体の創業期の機能は、原則的に新しい価値を創造することにもっぱら費やされ、その活動が中心になっています。そうでなければ、新規に設立する必然性がないからです。

その活動が順調に推移していくと、組織体は、活動の規模が増加し、それらに伴う人員構成の規模が大きくなります。そのような量的な拡大が進むにつれて、活動の中心は、イノベーション（新しい価値の創造）業務から、ソリューション（課題の解決）業務に徐々に移行していきます。顧客や利用者などの活動の対象者が増大するにつれて、個々のニーズやリクエストが細分化していき、密な個別対応が必要になってくるからです。さらに、作り出される製品・サービスなどを安定的に供給するために、オペレーション（定型的・間接的な作業）業務を拡大する必要が出てきます。創業期では、活動規模が小さいがため、それらのほとんどをアウトソーシングしていたものを内製化するようになります。その方が効率的になるからです。

そして、組織体が大きく発展を遂げ、安定期に入ると、その活動の中心は、ソリューション業務とオペレーション業務の部分がほとんどになり、イノベーション業務を行なうことは、ほとんど消失していきます。組織体によっては、逆にこの部分をアウトソーシングするようになります。なぜなら、新しい価値を創る試みは、必ずしも定量的な成果が上がる保証がないからです。このビジネス・リスクの高さは、組織体が紡ぎだす収益の中核を担い定量的な成果を伴っている、ソリューション業務とオペレーション業務を圧迫する可

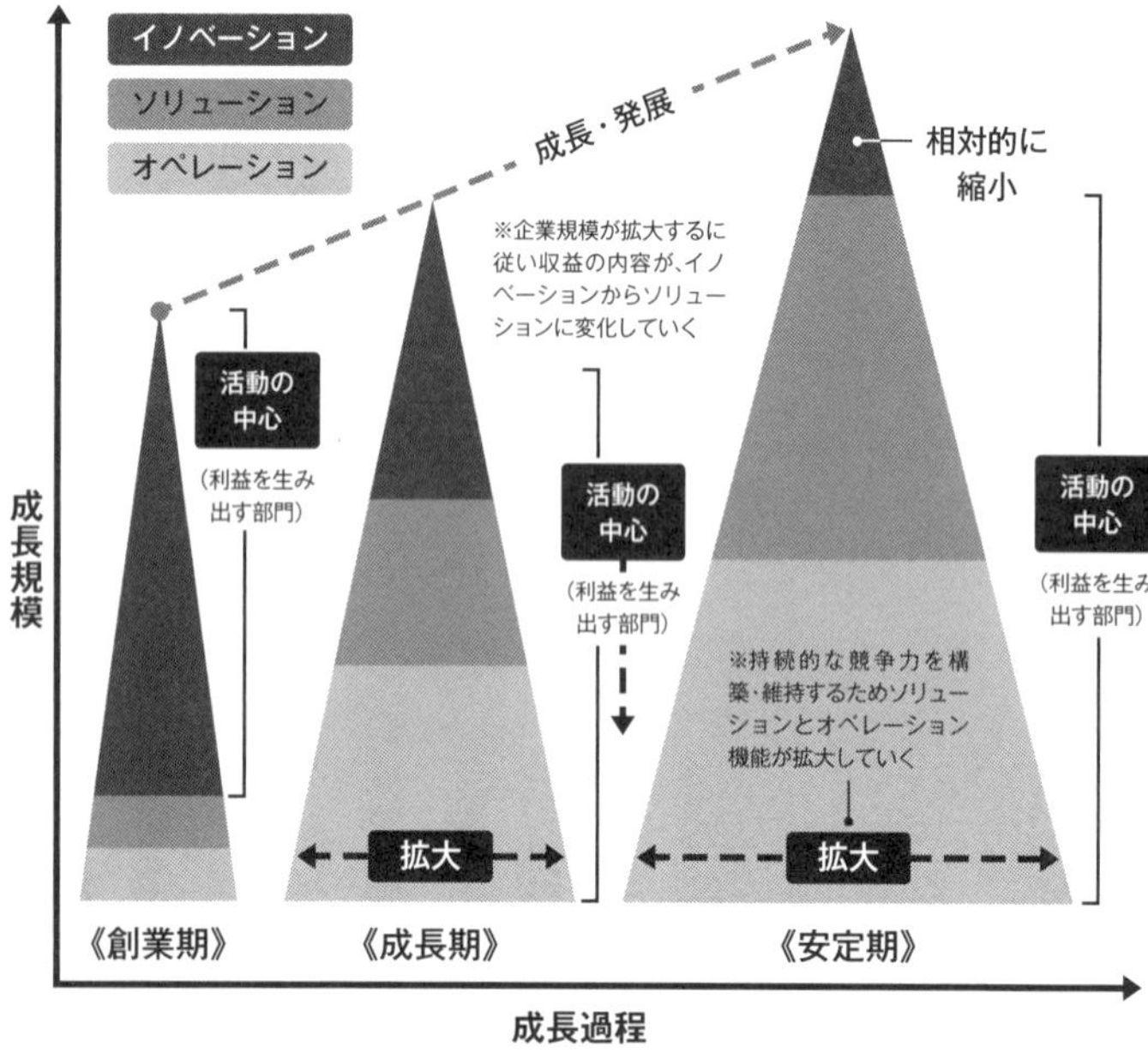

図1-5 組織体の発展と活動構成の変化モデル

能性が大きくなります。組織体の安定期では、活動の中心であるソリューション業務とオペレーション業務は、人件費が占める割合やファシリティ・コストが大きくなっているので、それを簡単に増減することが難しくなることも大きな要因になります。つまり、組織体が安定期に入ると、とくに大規模な組織体になればなるほど、その組織体内部でイノベーションを発動しがたくなるのです。活動が上手くいっている組織体は、ソリューション系スキルを持ったメンバーの相対的な人員比率が増えていくので、定量的な成果が担保されないイノベーション事業に対する推進力は弱まっていく傾向にあります。

この成長変遷は、ほとんどの組織体に共通している傾向と考えることができます。

■イノベーションに敵対するソリューション

このように、成長し安定期にある組織体は、その活動タイプがイノベーション中心からソリューション中心へ大きく移行することが多くなります。それが原因で、その組織体は往々にしてイノベーションに対して否定的になることがあります。イノベーションを、自分たちのソリューション・ビジネスを阻害する対立的矛盾として捉えてしまう傾向があるからです。イノベーションによって生まれた製品とサービスは、時として、長期間に渡り持続的に改良・発展させてきた製品とサービス（ソリューション）を無価値なものに変えてしまいます。多くのコストと時間をかけて有益なビジネスを成長させて糧を得ている組織や個人にとって、イノベーションは一種の天敵というべき存在だと捉えるのでしょう。

　イノベーションがソリューションと対立する要因は、その駆逐性の強さにあります。それ故に、（破壊的な）イノベーションを破壊してしまおうと考えるのです。これでは、世界に革新と発展をもたらすであろうイノベーションを、その芽が若いうちに摘んでしまうことになりかねません。イノベーションは、既存ソリューションにとって、相対的な「悪」であって良いのでしょうか。成長し発展することで、多くの優秀な人財を有し、多額の活動資金を保有する大規模な組織体が、イノベーションの発動に対して消極的になってしまうことは、経済的に大きな矛盾であり、損失であるといっても過言ではないでしょう。

　ところが、この成長し安定期にあるソリューション業務主体の組織体も、未来永劫に安泰であるとは限りません。序章で述べた通り、市場の拡大を前提とした成長経済であり続けるのであれば良いのですが、景気が後退したときには、その規模を維持することが困難になります。まして、成熟経済社会になれば、限りあるパイの奪い合いになり、組織体は衰退していくことでしょう。こうならないための有効な方策を考えなければなりません。

COLUMN 1

ソリューションのための重要な思考方法
＝対立的な矛盾と非対立的な矛盾について＝

ソリューションには、
その「対象」の捉え方についての大切な考え方があります。
「対立的な矛盾」と「非対立的な矛盾」です。
１つの例題を考えながら、説明したいと思います。

例題

あなたは、ある重要なプロジェクトのリーダーです。ところが、そのチームのメンバーの中に「ちょっと困ったな」と思っているメンバーが２人います。

１人は、あなたとまったく性格が合わず、自分に対して常に反抗的態度を示していると感じているメンバーです。ところが彼（または彼女）は、そのプロジェクトを成功させるのに不可欠なスキルを持っていて、かつあなたがリーダーを務めているプロジェクトに対してとても高い達成意欲があり、精力的に仕事をこなしています。その人をＡ氏とします。

２人めは、あなたに対して常に従順で、リスペクトをとても強く持っているので、好意的に思っているメンバーです。しかし、仕事に対してはミスが多く、プロジェクト進行の足を少々引っ張ってしまう存在です。その人をＢ氏とします。

さて、ここで問題です。このＡ氏とＢ氏、あなたにとって、本当に都合の悪い（あなた自身に対して矛盾している）メンバーは、いったいどちらでしょうか。それは、なぜでしょう。また、これを解決するためには、どうしたら良いでしょうか。

あなたにとって手強い将来の「敵」を1人作ることになりかねません。

それでは、どのようにして解決したら良いのでしょうか。

それは、この2人を「非対立的な矛盾（存在）」として考え直すことです。これは、対立していると思われる相手を一度肯定して、相手の立場で思考することで、問題の本質を探り出すことです。わかりやすくいうならば、相手のポジティブな部分をきちんと評価すると同時に、ネガティブな部分に対しても、その理由・起因を洗い出し、共感することができれば、解決に向かうことができるに違いありません。

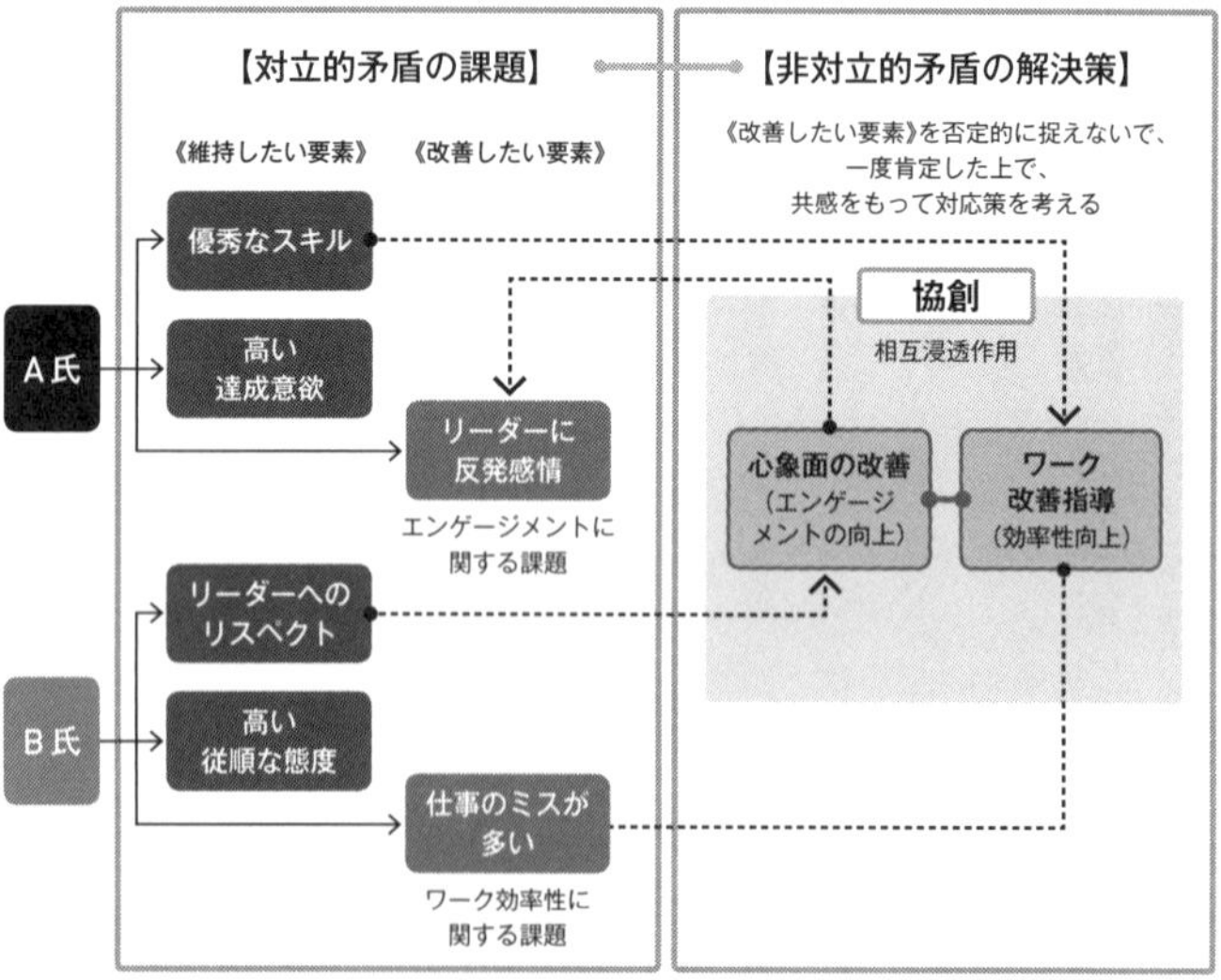

図1-6 対立的矛盾と非対立的矛盾を協創ワークで解決する

解説

この例題の中で、解決しなければならない問題についての「対象」は、いうまでもなく、A氏とB氏ですが、それぞれの課題は異なります。

A氏の場合は、チームのエンゲージメント（Engagement）に関する課題です。A氏は、プロジェクトに関わる仕事振りについては申し分ありません。しかし、リーダーであるあなたに対しての態度が良くない（少なくともあなたはそう思っている）のです。これを黙認すれば、他のメンバーが、あなたの指揮官としての統率力に対して、少なからず疑念を持つようになり、プロジェクトが上手くいかなくなるかもしれない、とあなたは心配しています。

このときに、もしあなたが、A氏を「対立的な矛盾（存在）」として捉えてしまうと、どうなるでしょうか。もし、あなたがリーダーとしての威厳を示そうとして、A氏に対して高圧的（敵対的）な態度をとれば、A氏はさらに反発するようになるでしょう。その対立関係がエスカレートしてしまえば、かえってチーム全体に対して大きな悪影響を与え、仮にあなたがA氏をメンバーから排除するようなことがあれば、結果として、プロジェクトの効率を大きく落とし、またリーダーとしての信用を失ってしまう可能性が高くなります。

B氏の場合は、プロジェクト進行に関わる効率性の課題です。B氏を放置すれば、ワーク効率を落とすだけでなく、他のメンバーから、あなたが心情的な依怙《えこ》贔屓《ひいき》をしていると思われ、チーム全体の達成意欲を大きく下げてしまい、さらに増して効率性を大きく落としてしまいます。そうかといって、B氏を（対立的な矛盾と捉えて）強く叱責したり、プロジェクト・メンバーから除外したりしてしまえば、以後B氏は、あなたに対するリスペクトを失い反感を持つようになるかもしれません。短期的な解決策としては良いかもしれませんが、長期的に見た場合、（↗）

第2章　イノベーションを超える「創生の場」

1　イノベーションを発動する空間環境とは

本章では、イノベーションを発動するためには、どのようなコミュニケーション関係が必要で、そのための空間環境はどうあれば良いのか、を考えていきます。そのスタートラインは、名古屋大学の協創スペースである教養教育院エース・ラボS教室における実験的授業にあります。

２０１２年から、このエース・ラボS教室で試みてきた先進的な教育プログラムは、実施の過程で多くの気づきを得ることができました。その内容の詳細は次章にゆずりますが、ここで一つ挙げるとすれば、イノベーションは、ジョブズやザッカーバーグのように、たった一人の人間の考案で生まれるだけでなく、複数の洗練された知識と技能を結集させて生まれるという構造（焼結的構造）がわかり、それらの思考プロセスを導く方法を開発できたことです。そして、その思考プロセスをより効果的・効率的に進行させるには、「空間環境」のあり方が極めて重要な要素であることもわかりました。

イノベーションは、一人の天才の才能に頼らなくとも、「協創(Collaborative Innovation)」、すなわち、多様な知識と技能を持った複数のメンバーが一同に集まって、お互いに協力し合いながら新しい価値を生み出すことで成し遂げられます。それには、その最大効果を引き出すための仕掛と仕組が必要になるのです。

さらに、従来のイノベーションが必然的に持っているマイナス面を克服するための方法論も併せて考察しました。

■イノベーションの課題を克服するために

前章で説明したように、イノベーションは、既存のソリューション的な事業や組織体に対して破壊的効果をもたらすために、対立的矛盾として機能してしまい、その発動が未然に阻害されてしまうことがあります。そして、あるイノベーションが発動すると、駆逐されるソリューションが多く出ることで、結果として経済的な損失が生じる可能性がある、と指摘しました。このことは、イノベーションが社会的に推奨されながら、現実にはなかなか上手く進展しない大きな要因の一つになっているようです。

この課題を解決するためには、クリステンセンのいう、破壊的イノベーションと持続的イノベーション（ソリューション）の他にもう一つ別のイノベーションの形態を考える必要性があるかもしれません。既存のビジネスを短中期的に破壊したり駆逐したりせず、既存のソリューションと共存しながら、駆逐するとしても極めて緩やかに行なわれ、ソリューションで培われた「人財・資材・資本」を活用でき、段階的に移行していけるようなイノベーションです。

ここからは、それを「**共生型イノベーション**」として捉え、既存価値と非対立的な矛盾としての存在、破壊・駆逐をできるだけ伴わない「創生」の道を選ぶための理想を実現するための仕掛と仕組の考察を進めていきます。

■共生型イノベーションとは何か

従来考えられてきた、また欧米型ともいえる「破壊的イノベーション」は、非常に攻撃的側面を持っています。それは、社会の新たなる発展をもたらしますが、同時に既存の製品とサービスの市場価値を瞬く間に無価値なものに変えてしまうことがあります。その場合、その分野で繁栄していた企業や個人は大きなダメージを受けることになります。

これは、一つの攻撃をそれより強力な攻撃で返す行為に似ていて、資源や資本が無限に存在するならば、それで永遠に発展していくのかもしれません。しかし、もしそうでないなら、いずれ有限の資源や資本を使い果たし、市場に関わる全体が衰退していく結果になる可能性が高くなります。これを防ぐには、破壊される側を放置するのではなく、損耗するであろう相手の市場分野をフォローする方策も同時に考察し、それをイノベーションの仕組の中に取り入れて考えていく必要があります。まったく新しい価値を創造すると同時に、そのために失われるであろう既存の価値の担い手たちが、新たに在るべきところをも創造するのです。

これを実現するには、自然科学を扱う理工系の発想だけでは不可能でしょう。なぜなら、どんなに「モノ」を扱う技術や技能に長けていても、「ヒト」の痛みを理解することはできないからです。すなわち、「モノ」を扱うことだけでなく、「ヒト」を扱う分野の学問である人文、社会科学系の知識と知恵を持った人たちとの協働作業が不可欠になるのです。それには、要件が二つあると考えています。一つは「教育」です。なかでも「リベラル・アーツ」と称される教育（これは、次章で詳細に述べます）。二つめは、スタンフォードの論文が言うところの「獲得的多様性」を持った人財たちが、有機的に活躍できる環境を創ることです。この第2章では、後者について、詳細に分析していき、そのための「仕掛」と「仕組」を提案します。

■共生型イノベーションの始動キー「トゥルーグリット」

共生型イノベーションを発動させるためには、すべてのメンバーに共通の認識が必要になります。そのプロジェクトの目的が何であろうと、またメンバー構成がどうであろうと、共生型イノベーションを発動しようとするならば、すべてのメンバー全員が共有する強力な意思が不可欠なのです。それは、ひとことで表現するならば、「(われわれは)何を成し遂げようとしているか」ということです。もし、この共有意志が希薄であったり不明確であったりすれば、そのプロジェクトは、途中で空中分解や予定調和的結果に終わり、真の共生型イノベーションを達成することが難しくなることでしょう。とくに注意するべきことは、「オープン・イノベーション」のような、まったく異なる組織体同士が協創するような場合には、曖昧さが利益相反行為につながるリスクを生じかねないということです。

この強い共有意志を「トゥルーグリット(True Grit)」と称することにします。これは、動物的な感情意識ではなく、ジョブ・モチベーションとしての社会的な共通目的意識であり、共生型イノベーションの始動キーというべきかもしれません。

共生型イノベーションを発動させるプロジェクトには、歴史的に見ても多くの困難が待ち受けていることが多いものです。なぜなら、いわゆる「斬新なアイデア」は、それを実現したり採用したりすると、既存のルーチン化された社会的サイクルを乱したり、時には破壊したりするリスクを孕《はら》んでいるからです。また、「ソリューション」的なプロジェクトのように、具体的な問題を解決するといった「すぐに見える効果」を説明しがたいこともあります。イノベイティブな発想は、常識的なマジョリティ勢力に否定されやすいのです。したがって、共生型イノベーションを実行するには、「私は、どうしてもこれを成し遂げたい」という強い意志が必要になるのです。

"Do you want to spend the rest of your life selling sugared water, or do you want a chance to change the world?"

DO You ?

■協創チームで必要な相互尊重の心

複数のメンバーで協創する際に最も大切な心構えは、他のチームやメンバーの意見・考え方・取り組み方などについてリスペクト（敬意と尊重）を持って進めることです。そのためには、自分と他の人は異なる存在であることを強く認識し、同意ではなく合意形成を行ないながら、非対立的な関係を創り上げることが涵養です。このコミュニケーション関係は、共生型イノベーションの発動にとってとても重要かつ基本的な精神文化になります。

ここで、ある小学校で実際にあった話を紹介します。

小学校の図工の授業時間に、先生が「自分の好きなものの絵を描く」というテーマを児童たちに与えました。そのときに、一人の児童がある怪獣の絵を描いたのですが、その児童は、その怪獣の全身を赤一色に塗ったのです。ところが、先生はそれを見て「その怪獣は赤くないですよ。黒でしょ。赤い怪獣なんておかしいわ」と嗜《たしな》めました。その後、その児童は再び「怪獣の絵」を描くことはなかったそうです。

確かに、映画や雑誌で紹介されているその怪獣は黒い色をしています。先生も悪気があって嗜《たしな》めたのではないでしょう。しかし少し大袈裟かもしれませんが、このときに、確実に一人の共生型イノベーター候補生の独創的な発想を封殺してしまったのかもしれません。

もし、先生がそのときに「まあ、赤い怪獣を描いたのね。映画では黒い色だけど、赤い怪獣も素敵ね」と評したらどうだったでしょうか。

きっとその児童は、自分の想像力をさらに膨らませて、将来、創造性豊かな人間に成長したことでしょう。

共生型イノベーションを掌《つかさど》る創造的思考には、他の人と異なった感性で発想できる素養が大切です。そして、その個性的なアイデアを、自分の狭い文化性や主観的な価値観でもって「批判的」に見るのではなく、それが持つ可能性を拡大させる評価手法がとても必要になります。

もちろん、先生（または企業の管理職）は「間違っていることを正す」ことをしただけなのかもしれません。しかし、自分が「正しい」と信じていることが本当に正しいのかは、案外不確実であることが多いのです。一般に「正しい」と認識されていることが、環境が変わることでまったく「正しくなくなる」ことがあります。次にその例を挙げてみます。

誰しも、小学校の算数の時間に、三角形の「内角の和」が何度であるかを習います。それは「１８０度」ですよね。こんなことは、当たり前だとおっしゃるでしょう。

ところが、球面上に描かれた三角形は、

「内角の和」＞180°。

になります。また、馬の鞍のような面上（マイナス曲率の面）では、

「内角の和」＜180°。

になるのです。

この知識は、数学、とくに天文学の分野では当たり前のことですが、通常、一般の人が学ぶ機会はほとんどないので、信じられないかもしれません。しかしながら、「環境」が変化してしまうと、「正しい」と信じていたことが簡単に覆ってしまうことは実は多くあるのです。（註2-1-1）

共生型イノベーションの重要な発想方法は、一般に考えられている常識的な認識を覆すことにあります。繰り返しますが、決して自分の狭い文化性や主観的な価値観を強制することなく、常識・当たり前と考えていたことに疑問を持ち、それを引っ繰り返す発想が大切です。そして、それは一人の独創作業ではなく、チームを組んで実施することで異なる価値観や知識・技能の相互作用が発揮され、より拡大的に進めることが可能になります。

■協創を支える四つの対話（コミュニケーション）

協創のための最も重要な要素は、プロジェクトに参画するメンバーといかに上手くコミュニケーションをとるかということです。これは当たり前のことと思われるかもしれませんが、意外と考慮されていないことが多く見受けられます。なぜなら、ここでいうコミュニケーションとは、単に他人と仲良く会話をし意思疎通ができれば良いということではなく、共生型イノベーションを効果的かつ効率的に発動させるために、どのようにして他のメンバーと意見交換をすれば良いかを考えなければならないからです。

そこで、共生型イノベーションを発動させるためのコミュニケーションには、どのような形態があるのか考察し、次の四つに分類してみました。

・「自分と対話」――熟考・内省

自分自身の考え方や行動を省みて、それが本当に正しいことなのかどうかを自問自答することです。これは、無為に心に浮かんだアイデアが、目的にかなった本当に有効な発展性のあるものかどうかについて、じっくりと自分ひとりで考える過程になります。対話の相手は自分自身になりますが、これも一つの対話の形と考えられます。なぜなら、他者と交流しているときでも、頭の中で常に自分との交流（熟考・内省）を行なっているからです。

・**「情報と対話」――読解・学習**

ネットブラウジングや書籍・文献を熟読することで、著者の意図を理解しながら自分の考え方と照らし合わせ、自分の知識を修正・発展させることです。本当の対話の相手は、書籍・文献というフィジカルなモノではなく、それを著わした作者になります。このような間接的な対話では、原則として一方通行的な情報伝達になってしまう印象がありますが、SNSのようなメディアを用いることで、発信者に自分の意志・意見を直接的に伝達することもでき、双方向性を持った対話が可能になります。

・**「対者と対話」――議論・共感**

立場が異なったり意見が対立していたりする相手との対話になります。大切なのは、相手の意見の本質を受け取り、お互いに意見が浸透するようなかたちで対話をすることです。お互いの相異点を明らかにすると同時に、共通点をも見いだすことによって、直面している問題についての整合性をはかります。この対話で大切なことは、対立している相手との妥協案を探ることではなく、受け入れられることとそうでない事柄を明確にすることです。つまり「自分（たち）は相手とどこが異なっていて、どこが同じなのか」ということをしっかりと把握することです。そして、この対話の目的は、決して感情的な争いに発展させず、互いにプラス思考的な方向性で影響し合うことによって、飛躍的な進展をはかることにあります。

・「仲間と対話」――協同・共立

目的・目標を共有している仲間と、見いだされた課題を解決していき、ミッションを達成する建設的な対話です。この対話で重要なことは、目的・目標達成のための強い創造的意志である「トゥルーグリット（True Grit）」を忘れないことです。注意することは、この対話では、気持ちの通い合った仲間同士であるという安心・安全感が、甘えの構造を招きやすく、お互いの信頼関係を過信してしまうことが多いということです。事が順調に進んでいるときは良いのですが、不具合が起き始めると、途端に意思疎通が上手くいかなくなり、争いを生じることがあります。親しい仲間同士の中に生まれた諍いごとは、感情的な縺《もつ》れが長期に渡って残ります。このような不具合を乗り越えるためにも、メンバー全員が、トゥルーグリット（＝「われわれは何を達成したいのか」）を強く持ち続けることが大切です。

この分類の特徴は、一般に、個人の集中作業と認識されている自己内省や調査分析作業などを含めた、すべての知的活動を「コミュニケーション」という知的な交流として捉えて、その特徴を同じ評価軸で考えようとすることです。主体である自己と交流する対象を明確に定めた上で、その関係を明らかにして、それを空間環境の特性に置き換えることを目的としています。

さて次に、この四つの対話を上手く稼働させるための工夫（仕掛）を考える必要があります。なぜなら、単に人を集めて特定の場に連れてくればコミュニケーションが生まれるのかといえば、決してそうでないからです。もしそうなら、毎日同じ時間に、ほぼ同じ顔触れが集う通勤電車の車両の中は、華やかな社交の場として盛り上がっているに違いありません。しかし、実際には、誰一人として日常会話どころか単純な挨拶ですら交わしていません。

ないのが現実です。よく空間環境の設計などで、「偶発的なコミュニケーションを誘発する場」というものが提案されることがありますが、それが成功している事例を見かけたことがありません。もしそこで会話があったとしても、すでに親しい関係などが築かれている者同士であり、知らない者同士が突然いきなり会話を始めることなどは極めて不自然です。

それでは、人と人がコミュニケーションを始めるためには、何が必要なのでしょうか。それは、人と人がお互いに交換し合える「情報」、コミュニケーションを生じさせる「トリガー（引金）」、そしてつながるための「ハブ」の三つです。これらを提供し、効果的にコミュニケーションを進める仕掛を次にご紹介したいと思います。

■米国スタンフォード大学d-schoolの仕掛

米国カリフォルニア州シリコンバレー（パロアルト地区）の北西部、スタンフォード大学の広大なキャンパスの一角に「d-school」という教育機関があります。デザイン・シンキングという思考技法を用いてイノベーションを実践する、世界でも最も有名な学校です。その倉庫を改築した校舎の入口からエントランスロビーを過ぎたあたりにある、休憩コーナーのガラスケースの中に、そこに参加する大学院生たちの「笑顔」を写したポラロイド写真が数多く並べられています。顔写真の下の余白には、自分のファーストネームと専門研究分野のジャンルが書き添えてあります。「私たちとコラボレーションしませんか」「私はこういうアイデンティティを持って（内在的多様性）、こういう分野のエキスパートです（獲得的多様性）」と主張しています。

これは、極めて有効な空間環境のアイキャッチであり、d-schoolという外交的な文化習慣のある米国らしい「つながるための仕掛」になっています。たったこれだけの仕掛で、そこを訪れる人たちは否が応でも、d-schoolの学修文化を目の当たりにし、イノベーション発動には「協創（Collaborative Innovation）」作業が大切であるのを理解することができます。

こんなあけすけでオープンマインドな「仕掛」作りは、内向的で自己主張が苦手な日本文化の中ではとても無理かもしれません。しかし、空間環境の優れた設えとしての、ぜひにでも記憶に留めておきたい象徴的な参考事例に違いないでしょう。（註2-1-2）

■集合知をつなぐトランザクティブ・メモリ

組織の知恵「集合知」を高める際に大切なことがあります。プロジェクトのリーダーは、そのプロジェクトを達成するために最適な人財をメンバーに参画させる必要があります。しかし、一人のリーダーが、組織の中のメンバー全員がどのような専門性やスキルを持っているかを、すべて把握することは難しいでしょう。また、あらゆる分野の知識を一人で平均的に持つことも困難です。組織内の知識をすべて共有することはとても難しいので、メンバー同士が、他のメンバーの「誰がどのようなことを知っているか」を掴んでいることが重要になります。この考え方を、トランザクティブ・メモリ（Transactive memory）といいます。トランザクティブ・メモリとは、１９８５年にハーバード大学の社会心理学者であったダニエル・ウェグナー（Daniel Merton Wegner）が提唱した概念です。

コラボレーションを円滑かつ効果的に行なうには、トランザクティブ・メモリに長けた人財をコミュニケーション・ハブとしての役割を担うポジションに配置することが大切になります。

トランザクティブ・メモリを、より積極的かつ有効に作用させる方法は、共生型イノベーションを発動させるメンバー間で情報を持ち合うことではありません。プロジェクトのメンバー構成を考える際や、お互いの意見がまとまらずデッドロック（座礁）したときに、プロジェクトの当事者であるリーダーとは別に、オブザーバー的な立場で客観的な干渉ができるメンバーを設定することが大切になります。それには、コミュニケーションの鎖のような役割を担うトランザクティブ・メモリを持った専門家が必要です。その人財をトランザクティブ・コンシェルジュと呼称したいと思います。

トランザクティブ・コンシェルジュは、単数ではなく複数の人財グループで構成することができれば、お互いの情報を交換し合う相乗効果が期待できます。

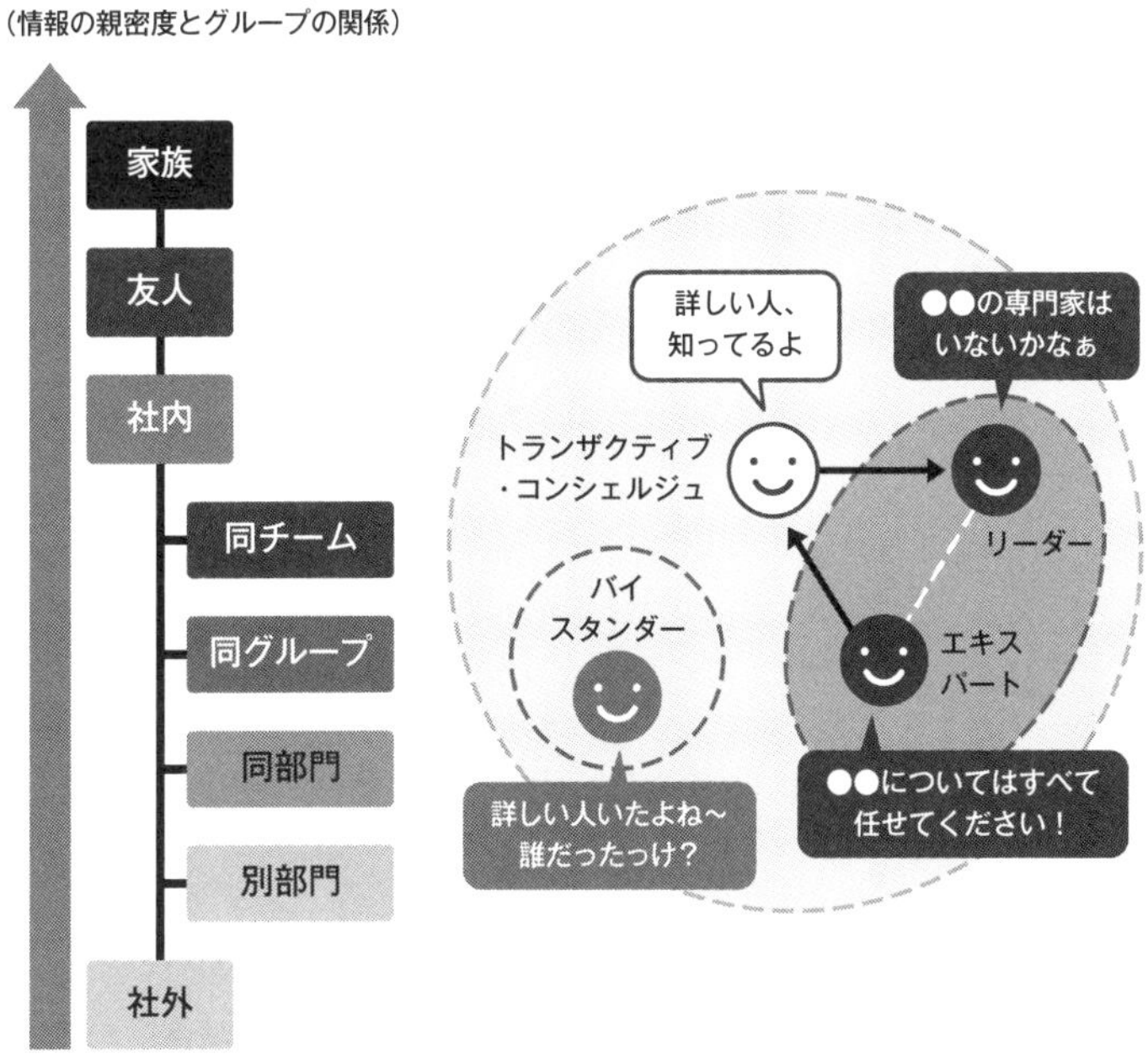

図2-1「つながらない」をつなぐコミュニケーションの鎖

■トランザクティブ・メモリはAI化する

このトランザクティブ・メモリにも欠点があります。それは、このスキルを持った人財の個人的能力に依存してしまうことです。チーム構成に必要な「誰がどのようなことを知っているか」は、組織体共有の知識であり、常に最新情報に更新されている必要がありま す。さらに、実務レベルで使用するならば、「誰がどのようなことを知っているか」に加えて、「その人は今どうしているか」という情報も併せ持っていなければなりません。例えば、「核融合の専門知識はA博士が詳しい」という情報をもらって連絡したところ、「今は休暇で不在。戻ってくるのは来月だ」となれば、人財探しは振り出しに戻ってしまうからです。ところが、この「静的情報」と「動的情報」の二つを同時にかつ鮮度高く持ち続けるのは至難の業です。また、トランザクティブ・メモリの保持者も生身の人間ですから、疾病や加齢による能力低下を避けることはできないので、継承することも含めて、長期的な視点では機能維持が難しいといえます。

トランザクティブ・コンシェルジュは、必須な人財ではありますが、将来的には、AI（Artificial Intelligence）に置き換わるべき仕事だと考えます。AIであるならば、先の二つの最新情報を連動して持つことはさほど困難ではありません。また、数代に渡って人財歴やコミュニケーションの連鎖関係の履歴を保持することもできるでしょう。例えば、「核融合の専門知識は、A博士がベストです。現在は、引退して研究所に在籍していません。しかし連絡は可能です。連絡先は……」などといった情報を引き出すことも可能になります。そして、24時間年中無休の体制で稼働し、最新情報は、複合的なリソースから自動入手し更新が可能です。もちろん、それには大きな初期投資と、データベース構築に多少の時間がかかることは避けられませんが。

課題はあるにせよ、トランザクティブ・メモリ（コンシェルジュ）のAI化は、限りなく近い将来には必須の情報システムになる可能性が非常に高いといえます。

■共生型イノベーションは「仲良しクラブ」からは生まれない

共生型イノベーションを発動させようとするときに、それを達成しようとする強い意志「トゥルーグリット（True Grit）」が重要であると述べましたが、そのためのグループのメンバー同士が、「仲良し」な人間関係でつながっていると、反対に共生型イノベーションは生まれがたくなる傾向が生じることがあります。

共生型イノベーションを発動させるには、グループワークの初期段階で、多くのアイデアを出す必要があります。その段階では、どんなに突拍子もないアイデアであったとしても、否定してはいけません。ところが、メンバー同士が強い人間関係で結ばれていると、必然的にトランザクティブ・メモリがとても高い状態にあるわけです。そうすると、何か一つのアイデアを出そうとしたときに、それが他のメンバーの志向に合うものかどうかということは、事前に察することができます。そうしたときに、相手の感情を慮《おもんぱか》りすぎて無意識に「忖度《そんたく》」してしまうことで、重要かもしれない革新的なアイデアを閉じ込めてしまうようになります。

「面白いアイデアを思いついたぞ。でも待てよ？　これって○○さんの好みじゃないよなぁ。もし言ったら気分を害するはずだ。○○さんとの関係を悪くしたくないし、他のメンバーからも非難されるかもしれない。やっぱりやめよう……」というような具合です。

そのような環境下では、話し合わなくとも理解し合っている、とお互いに認識するようになるので、意見交換の頻度は著しく減少してしまいます。そして、つながりが極端に強いがために、閉じた人間関係を形成し営む過程において、本能的にその中での争いを避けたいという気持ちが強く働くことになります。そうすると、お互いの意見交換は、合意ではなく同意を求めるように段々と変化していくようになります。

このようなコミュニケーション関係のグループでは、決して共生型イノベーションが発動することはないでしょう。絆が強いグループのメンバーたちの気持ちや行動は、共生型イノベーション発動にとって大きなマイナスの方向性を持っているのです。トランザクティブ・メモリは、とても大切な要素ですが、ネガティブに作用してしまうこともあるのです。このことは、チーム形成《ビルディング》の際、最も気をつけなければならない要素です。

■「強いつながり」だけでなく「弱いつながり」も大切

人と人の「絆」を強めることは、グループワークを効果的に進めるにあたって、最重要な要素であると思われます。しかし、その「絆」が必要以上に強すぎると、そのグループ内で暗黙的に決められた意見・意志・ルールに違反する行為に罰を与えてそれを阻止しようとしたり、絆を分断し仲間同士の関係を壊しかねないメンバーを排除したりするようになります。また他の同じような集団に対して、必要のない敵対心を持ち、攻撃するようになります。これを社会心理学では「内集団バイアス」といいます。共生型イノベーション発動には、この内集団バイアスを働かせないようにする必要があります。

アメリカの社会学者であるマーク・S・グラノヴェッター（Mark S. Granovetter）は、

「弱い紐帯の強さ（"The strength of weak ties"）」という論文の中で、個人間の人間関係を紐帯（dyadic ties）とし、個人間のネットワークの強弱に着目し、情報の伝達の優位性を分析しました。紐帯の強さは、共に過ごす時間、情緒的な強度、親密さ、助け合いの度合い、という四つの要素を組み合わせたものとします。強いつながりを持った人間（友人）と弱いつながりを持った人間（知人）と比較すると、弱いつながりは、自分から派生する人間関係の視点から見ると、社会的な距離の離れたところにあるアイデア、影響力、情報が伝わりやすく、間接的なつながりが少ない人間関係は、個人の友人圏内に情報などが密閉されてしまうので、外側の知識から遮断されるようになります。また、弱い紐帯で連結されている相手は、自分とは異なる交流圏に参入している可能性が高く、自分自身が持っていない情報に精通していると推測できます。（註2-1-3）

「弱いつながり」は、「強いつながり」と比較して、情報の伝達力が高く、その内容が多様性に富んでいます。「強いつながり」は、協働で何かを成し遂げるにはとても大事な要素ですが、それだけではなく「弱いつながり」を加えた関係を創ることが必須であることがわかります。

■多様性をどのように操舵すれば良いか

他の多くの研究や文献では、共生型イノベーションを発動するためには、多様性という要素が重要であるといわれています。ならば、とにかく多様な人財がプロジェクト・メンバーの中にいれば、それで共生型イノベーションは発動するのでしょうか。また多様でありさえすれば、人財が持っているアイデンティティとスキルは、何でも良いのでしょうか。

一つの考え方として、共生型イノベーション発動の初期段階では斬新なアイデアを数多く検討する必要があるので、多様性による偶発的な効果を期待するのならば、その特質はランダムであっても良いでしょう。しかし、中期段階では、ソリューション的プロセス（アイデアを収束させ実現化する過程）になるので、アイデアを具現化するのに必要な技術を持った人財が不可欠になります。つまり、達成するべきプロジェクトに必要な多様性は、共生型イノベーション発動の段階によって変化するのです。そのためには、多様性という要素を意図的に操舵する必要性があります。

もう少し具体的に説明すると、共生型イノベーションを発動させるプロセスを効果的に進めるためには、終始一貫した固定的なメンバー構成ではなく、流動的な要素を持たせる必要があるということです。思考過程や状況によって、限定的に参画するメンバーがいたり、初期段階と最終段階には主だって参画するけれど、中期段階では少しお休みするメンバーがいても良いのです。

従来の組織構造中心の考え方でいえば、個々のメンバーは、「メンバーから外された（降ろされた）」「都合の良い使われ方をした」という感情を抱くかもしれません。しかし、これは、あえて「弱いつながり」の一環構造であると認識するべきです。共生型イノベーション発動のプロジェクト・メンバーは、常時、全員が弱くつながっており、必要に応じて招聘されて中心的に参画する（強くつながる）という構造なのです。

1960年代の米国のテレビドラマで、日本でも人気を博した『ミッション・インポッシブル』（邦題『スパイ大作戦』）という番組がありました。（註2-1-4）

このドラマは、事件が起きると、日本の刑事ドラマのように固定されたメンバー全員が平等に参加するのではなく、毎回異なる作戦内容によって、変装の名人や電子・機械工学の専門家などが必要に応じて参加して活躍するという物語でした。共生型イノベーション発動には、このようなミッション・インポッシブル的な多様性の操舵が必要になるのです。（註2-1-5）

2　創造的コミュニケーション「ネクサス（絆）」とは

人と人の関係は、とても複雑で多岐に渡ります。共生型イノベーションを発動させるというミッションを達成させるために、それを有機的に運用していかなければなりません。しかし、単純に人と人を引き合わせるだけでは、期待しているような人間関係のあるプロジェクト・チームを作ることは難しいでしょう。「場」を作るだけ、「人」を連れてくるだけでは決して上手くいくことはありません。それらをどうやって、いかに演繹的に組み立てるかが大切なアプローチになります。そのための、人と人の有機的な「つながり」を形成するには、どのような仕掛や仕組を創れば良いかを考えていきます。

■「強いつながり」を「弱いつながり」が補完する創造的空間関係

共生型イノベーションを発動させるためには、それを担うグループ・メンバーたちが、「強いつながり」に拘束されすぎるのを防ぎ、プロジェクトの進行プロセスに応じて、フレキシブルでありリスペクトされた「弱いつながり」のメンバーが入れ代わり立ち代わり参画することができる空間環境が必要です。空間環境の設えを変化させることで、プロジェクト・メンバー間の「つながり」をコントロールする、すなわち、「強いつながり」に「弱いつながり」が干渉できるようにする空間環境を構成するのです。

この空間構成を作るために、三つのコミュニケーションに関わるゾーン・コンセプトを立ててみました。

【モノ・コミュニケーション】ゾーン

モノ・コミュニケーション・ゾーンは、空間環境の基礎的設えを構成します。これは、従来からある「強いつながり」を作るための基本的な環境構成です。原則、個室感のある間仕切りなどで区分された空間になります。

知識創造空間をデザインする際に、「オープン・イノベーション」を誘発させるためといって、すべての空間領域を仕切りのまったくないオープンなスペース構成で仕立てることがありますが、それはあまりお薦めしないアイデアです。もちろん、グループ・メンバー間の「強いつながり」を過当に助長する個室空間の羅列は、確かに共生型イノベーション発動に悪影響を及ぼします。けれども、これを完全に否定する必要はなく、適度にプライバシー環境が確保できる工夫は必要になります。

モノ・コミュニケーション・ゾーンは、四つの対話でいえば、「**仲間と対話（協同・共立）**」の場になります。自分たちのプロジェクト理念である「トゥルーグリット」を常に確認し合い、場合によっては、そのシンボルになるようなものを掲げる場所としても機能し、メンバー間のモチベーションを高めることができる空間です。空間のキャパシティは、収容人数に対して比較的ゆったりとした密度にして、息苦しさを感じるような密室空間にしないことが肝要です。また他空間との仕切りは、ガラス・パネルのような透過性がある素材や、カーテンやブラインドなどの柔らかく空間を区切る素材を使用することが望ましいです。中の様子がまったく識別できない、完全に孤立・閉鎖された空間は、内集団バイアスを生みやすい状況を作ってしまうからです。

【クロス・コミュニケーション】ゾーン

クロス・コミュニケーション・ゾーンは、グループ・メンバー間の「強いつながり」環境に、「弱いつながり」環境を組み込みやすい環境構成を作ります。囲われてはいるけれども極めて緩やかに仕切られ、そこで議論検討している様子がまわりからよくわかり、必要に応じて「弱いつながり」のメンバーの参画を許容する空間です。四つの対話でいえば、「**対者と対話（議論・共感）**」のときに使われると良い効果を生み出します。自分と相容れない人財と議論するときは、気がつかないうちに感情的になってしまうことが多くあります。また、閉塞した空間環境であれば、議論について相反する見解を持っている人たちの人数比がアンバランスであると、どうしても勢いがある方が優勢になったりします。一定の衆人環視下のような状況で議論を行なうことで、議論の進行が非論理的になっていないかどうか、感情が高ぶっていないかどうかを、自己内省的に抑制する効果も期待できます。

【マルチ・コミュニケーション】ゾーン

マルチ・コミュニケーション・ゾーンは、クロス・コミュニケーション環境に、眺める、茶々を入れるという傍観者の参画を認める環境構成です。これは、定められたグループ・

メンバー間のコミュニケーションだけでなく、無責任で野次馬的な「観客」のような第三者の間接的な参画を許容する空間です。この「観客」要素は、「弱いつながり」をさらに拡大する考え方で、より広い多様性を取り込んだり、思考が暗礁に乗り上げたときに解消することを目的にしています。「観客」の意見は、直接的に取得しても良いですが、ＳＮＳなどを使用すれば、リアルタイムに集約することも、記録して後で見返すこともできます。スポーツの試合で例えるなら、ゲームをプレーしている当事者が気づかない問題点やプレー方策の欠点をスタジアムの観客席から広角的に見ている、解説者や評論家の役割に相当する要素を加えるのです。

議論の当事者同士は、どうしても近視眼的な視点で物事を判断する傾向に陥ってしまいます。マルチ・コミュニケーションが持つ最大の効果は、弱くつながるメンバーに間接的につながるメンバーを含めることで、メタ認知的な視点をより広く強く持たせて、客観的立場から議論の内容を観察・判断し、プロジェクトを正しい道筋へ導くことができることです。このつながりを「緩いつながり」と呼ぶことにします。

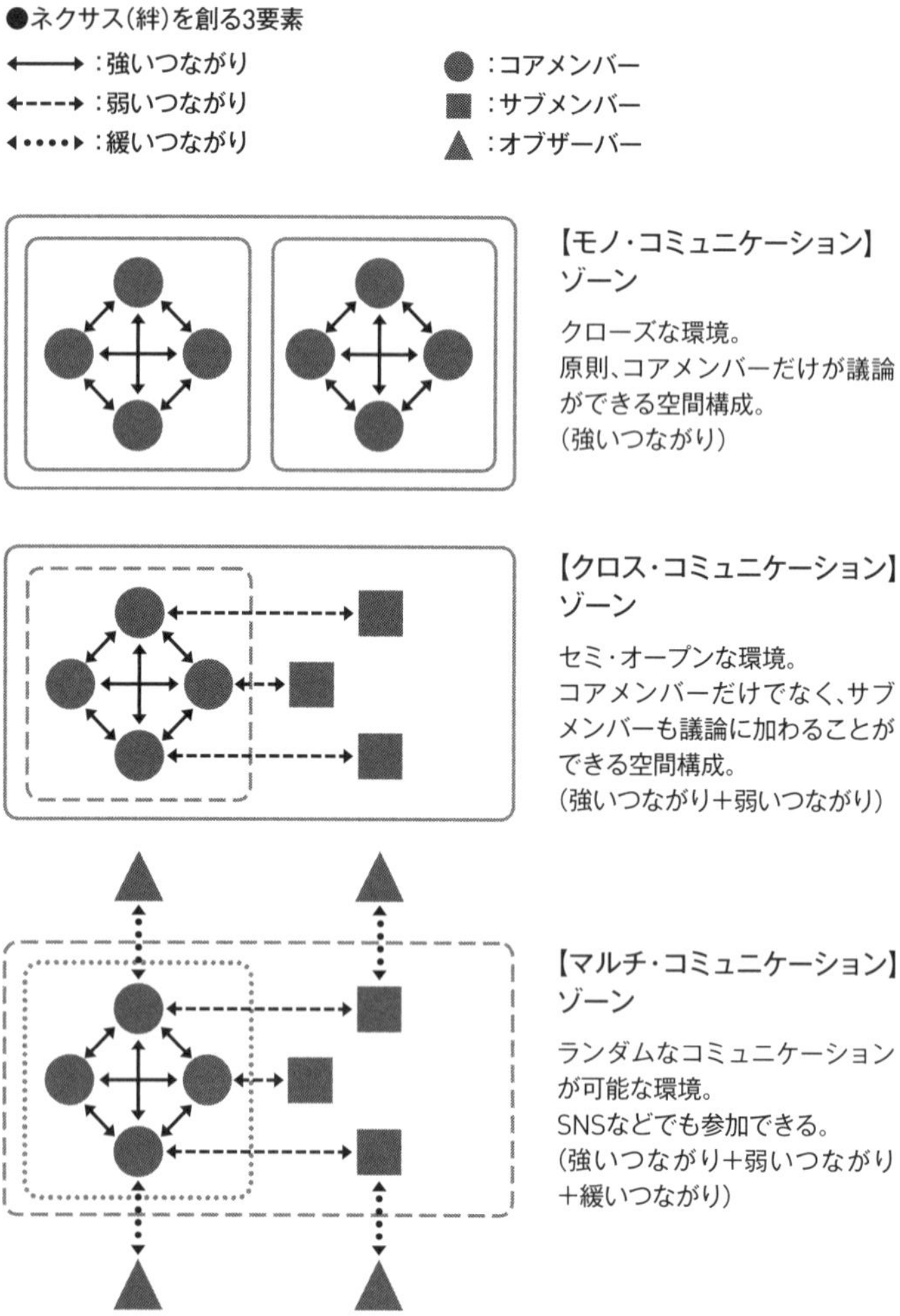
●ネクサス（絆）を創る3要素
：強いつながり
：弱いつながり
：緩いつながり
：コアメンバー
：サブメンバー
：オブザーバー
【モノ・コミュニケーション】ゾーン
クローズな環境。
原則、コアメンバーだけが議論ができる空間構成。
（強いつながり）
【クロス・コミュニケーション】ゾーン
セミ・オープンな環境。
コアメンバーだけでなく、サブメンバーも議論に加わることができる空間構成。
（強いつながり＋弱いつながり）
【マルチ・コミュニケーション】ゾーン
ランダムなコミュニケーションが可能な環境。
SNSなどでも参加できる。
（強いつながり＋弱いつながり＋緩いつながり）

図2-2「ネクサス（絆）」を創るコミュニケーション・ゾーン

■共生型イノベーションのための三重のコミュニケーション構造

共生型イノベーションを発動させるためのチームおよびそのコミュニケーション形態をまとめてみましょう。まず、プロジェクトの中核を担う少人数の「強いつながり」グループを企画推進のコア・メンバーにします。彼らは、概ねプロジェクトの全工程に常時参画していきます。プロジェクトの内容と進捗状況によっては、コア・メンバーは必要に応じて入れ替わることがあります。

次に、コア・メンバー周辺に「弱いつながり」メンバーが干渉できるような仕組を作ります。弱いつながりメンバーは、時と場合によってはコア・メンバーとなります。これをサブ・メンバーとします。サブ・メンバーは、コア・メンバーの進捗を包括的に観察する立場でもありますので、自分の専門領域など、彼らが気づかない視点からアドバイスをすることができます。彼らは、トランザクティブ・メモリを持ったコンシェルジュから、必要に応じて新しいメンバーとして紹介されます。さらにその外側に、間接的に「緩いつながり」を持ったオブザーバーを配します。オブザーバーは、常時関わるメンバーではありませんが、有識者などの豊富な経験知（とくに失敗例が重要）をベースにアドバイスを供します。そして、この三重構造の「つながり」関係は、この多様な人財をまとめ上げる共感理念としての「トゥルーグリット（True Grit）」によって結束されています。

このコミュニケーション関係を、先に挙げた「モノ・コミュニケーション」「クロス・コミュニケーション」「マルチ・コミュニケーション」の三つのコミュニケーション・ゾーンでコントロールし、空間配置をします。

この三重構造のプロジェクト・チームは、ファシリテーターとリーダーによって管理されます。ファシリテーターは、プロジェクト全体の進捗と方向性の確認・修正を担い、リーダーは、主に財務面や関連する他の部門やプロジェクト・チームとの調整を行ないます。

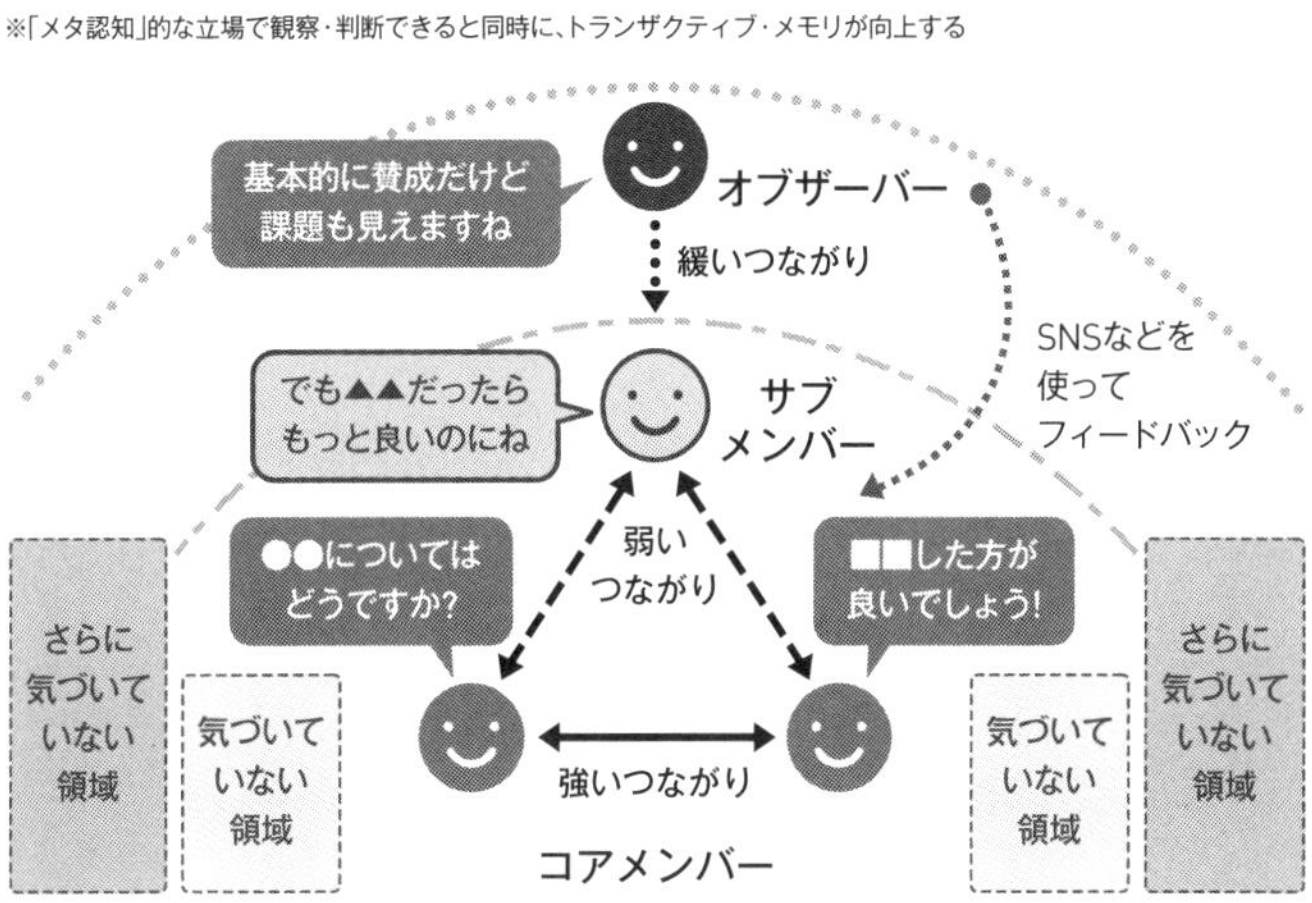

図2-3-1　各メンバーごとの領域イメージ認識

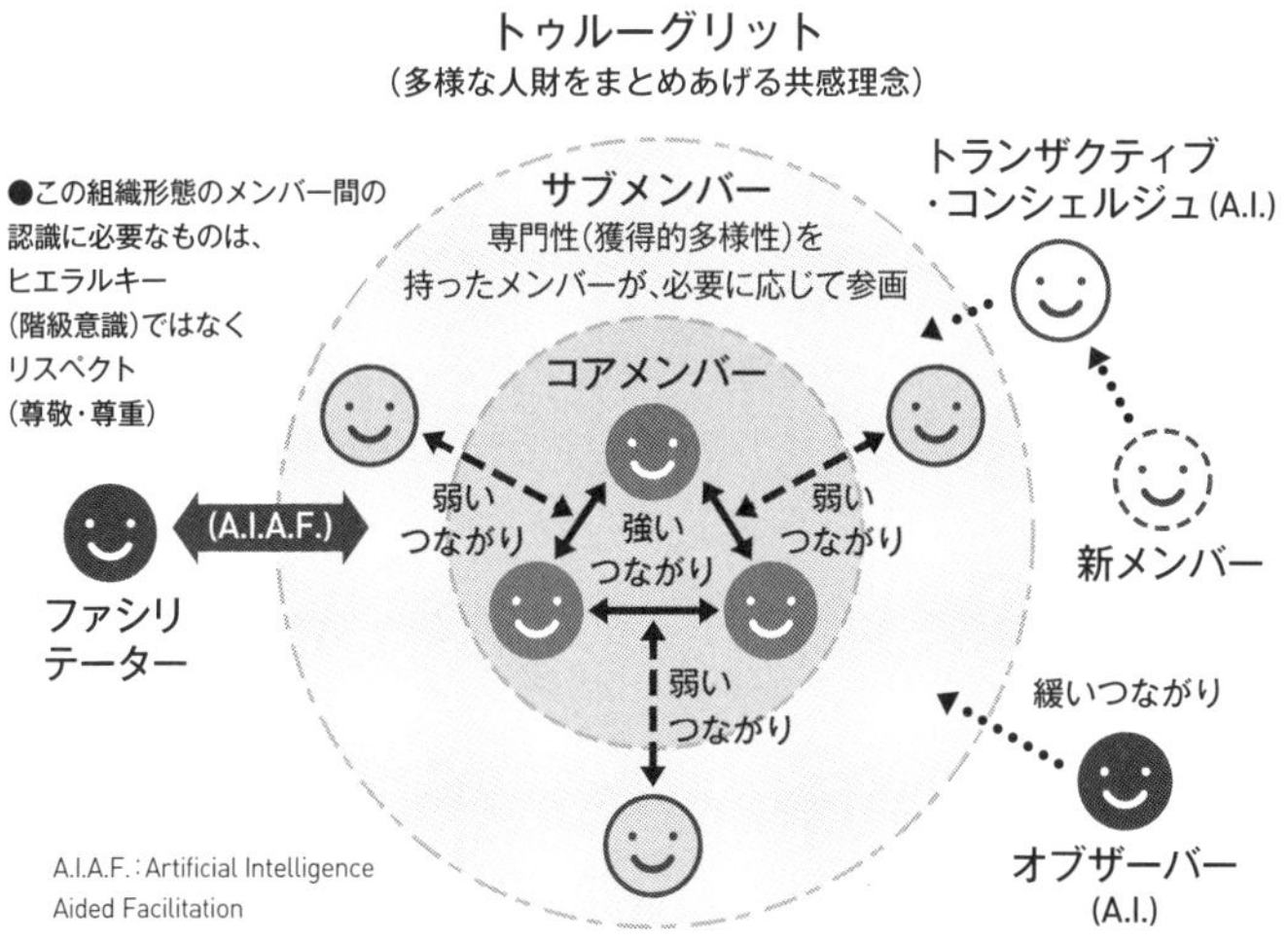

図2-3-2 イノベーション発動のためのコミュニケーション構造

■多様性をコントロールする二つの空間デザイン要素

空間環境を構成するにあたり、多様性はとても厄介な要素です。なぜなら、人間が持つ多様性には無限の組み合わせがあり、その組み合わせを持った人たちが集い合い、有機的に活動するためのパーフェクトな空間環境を考えるとすると、環境パターンの無限の順列組み合わせを考えなければなりません。

また、前章のソリューションの項目で述べたように、「多様性」の要素を鵺《ぬえ》的な環境要素だと考えれば、多様性を許容する空間環境は、それぞれに対応する工夫を一つ一つ考えなければなりません。とくに、内在的多様性（Inherent Diversity）に関することについては、眼に見える情報に基づいて対処するわけではないので、完全に適合するモデルをデザインすることは極めて困難な作業だといえるでしょう。

そこで、多様性という不確定な要素のすべてに適合する万能な空間環境を作るのではなく、多様性という鵺《ぬえ》的要素を上手くコントロールする方法を考えることにしました。それは、「特設」と「可変」という考え方です。

「特設」とは、特定の趣味嗜好、思想志向など、行為を伴う一定の方向性を持った設えを意図的に作り、その方向性に整合した人財をノマド（遊牧民）的に誘導したり、体験体感できるようにする空間環境の作り方です。

例えば、「お酒を飲みに行く」ときに、一人またはとても親しい人と、その日にあった出来事を振り返りながらゆっくりと時間を過ごしたい場合と、幾人かの仲間たちと仕事の成功を祝うため、または仕事のストレスを発散するために行く場合とでは、行く店（空間環境）はまったく異なるはずです。前者であるなら、店の看板も出ていない狭い階段を下りた地下にある小さなバーで、薄暗い照明に照らされた空間に、バーテンダーが独りで接客しているような店。後者なら、ざわざわと雑音が多いけれど活気のある、威勢の良い板前と気風の良い仲居（店員）のいるような居酒屋に行くことでしょう。この二つは、同じ「酒を飲む」という行為をする場所でありながら、まったく異質の雰囲気と設えがなされています。この空間環境の特性は、「見ず知らずだったけれども、酒場で意気投合して友達になった」というエピソードにあるように、ほぼ同じような志向性を持った人間同士が集っているためにコミュニケーションを深めやすいことです。こうした空間環境を「特設空間」とします。

「可変」とは、さまざまな多様性を持った人財が、その特性に合わせて環境を自由に変化させることができる空間環境の作り方です。変化させる要素は、ハードウェア的な要素（高さ・広さ・数量など）と、ソフトウェア的な要素（色彩・感触・音・香り・飲食）の他に、文化的側面を持った要素があります。この三つの環境を変化させることができる空間環境を「可変空間」とします。

「可変空間」の特性は、その空間の設計が使用者の創造性に依存するので、効果的に有効利用するためのハードルが高いということです。つまり、どのようにでも設えられる可変性は、その機能に積極的に関わっていかないと、本来の役割を果たせないのです。極論すれば、何もない文字通りの「空間」に、使用者たちが自分たちでイメージした使い勝手をゼロから創り上げなければなりません。「特設」空間にアクセスするポイントは、ある意図をもって設えられた環境に受動的に感性的に馴染むかどうかで決まりますが、「可変」空間は利用するだけではなく、場を創るスキルが要求されます。

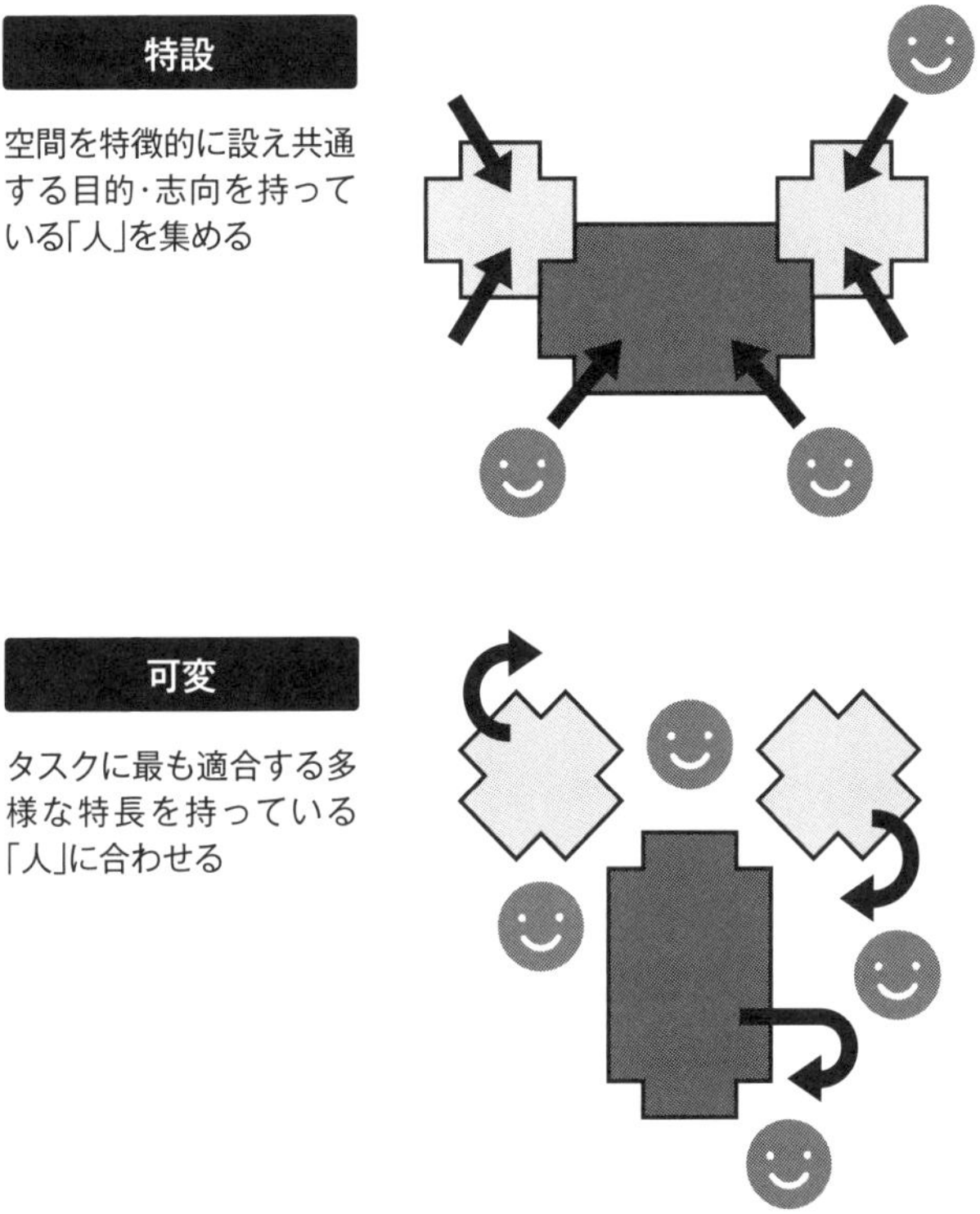
特設
空間を特徴的に設え共通する目的・志向を持っている「人」を集める
可変
タスクに最も適合する多様な特長を持っている「人」に合わせる

図2-4 多様性をコントロールする特設空間と可変空間

■知識創造のタイプ別分類と空間環境の特性

共生型イノベーションを発動するためのコミュニケーションの構造と空間環境の特性についてまとめてきました。ここでは、知識創造に関わる他の行動と比較検討して、その明確な違いを把握していきます。

前章の冒頭で、知的創造活動には、三つの思考スタイルがあることを説明しました。それは、「物事を正確に速く行なう」ことができる《オペレーション・スタイル》、「与えられた課題を解決する」ことができる《ソリューション・スタイル》、そして「新しい価値を創り出し形にできる」《イノベーション・スタイル》です。この三つの思考スタイルに基づいて、ワーキングを行なうメンバーの活動拠点として最適な空間環境を考えたときに、それぞれのスタイルの中心となる行動内容、組織構成、必要な人財多様性の種類、行動の特性、行動流動性（ワーク中に場所を変えるかどうか）、空間の運用（家具備品などをどう配置するか）、行動の単位（チームの規模）を分析してみました。

オペレーション・スタイルのワークコンセプトは、「チーム単位で仕事する（Team Based Working）」ことが中核になります。原則的に、リーダーの指示に順応に従い一斉行動できる組織構成が望ましく、定型的な作業を高効率・低コストで行なうことが求められます。

人財の資質は均一である方が向いているので多様性は低い方が良く、ほぼ固定された定位置でワークするので、行動の流動性はあまりありません。無駄の少ない高効率な空間運用が重視され、人員規模はおおよそ数十人から数百人で、大規模な運営が可能です。

ソリューション・スタイルのワークコンセプトは、「課題解決・顧客の個別対応（Problem Based Solution）」です。リーダーの指示に従いながらも自律的に考え目的を遂行・達成できる組織構成が必要で、与えられた問題に対して課題を立案し解決します。さまざまな案件に対応する必要があるので内在的多様性が求められ、課題内容によって対応の仕方が変わるため、行動の流動性は多岐に渡ります。したがって課題内容に合わせた多様・多種な空間構成が必要で、7名程度を一グループとした複数グループで構成されます。

イノベーション・スタイルは、「企画開発と価値の創生（Project Based Creation）」をワークコンセプトとします。上からの指示で動くのではなく、自発的行動を旨として必要に応じてチームを組むフラットな組織構成が向いており、何もないところから新しい価値を創生する、とても不定形なワークに取り組みます。プロジェクトのプロセスによって行動の流動性は多様に変化し、その都度自分たちで変化させられる空間運用が大切になります。数名のコア・メンバーを中心に、流動的にメンバーが増減し入れ替わることもあります。

これらの三つの思考スタイルによって行なわれるワーキングを比較すると、それを構成する行動要件と空間環境に要求される条件がまったく異なることがわかります。したがって、空間環境を構築する場合は、この三つの思考スタイルのどれを中心としてワークを行なうかによって、組織構成に基づいたメンバー間の配置関係と設えが最適になるように変える必要があるということです。

	イノベーション・スタイル	ソリューション・スタイル	オペレーション・スタイル
職種タイプ	Project Based Creation → WORKFLOW → 企画開発創生 今までにない価値を生み出し普及させる市場を創生する	Problem Based Slution → WORKFLOW → 課題解決提案 生み出した価値が持つ欠点や不具合を修正する 個別事案に適合させる	Team Based Working 協同協調作業 生み出した価値を効率的に量産し普及させる
行動内容	何もないところから価値を創生する	問題点の課題立案し解決策を考える	定型的作業を高効率・低コストで行なう
組織構成	進化型（TEAL）組織	達成型＋多元型 組織	順応型 組織
必要な多様性	獲得的多様性	内在的多様性	資質・特質の均等性（非多様性）
行動の特性	メンバーが自律運営	リーダー中心にメンバー主体で運営	リーダーの指示命令で運営
行動の流動性	プロセスによって変化する	課題内容によって変化する	固定的（人間はあまり動かない）
空間の運用	空間環境自体を自ら創る	多様＆多種な空間構成	無駄のない効率的な配置・運用
行動単位	小規模（1・3・5名×複数グループ）	中規模（7名×複数グループ）	大規模（数十人〜数百人）

図2-5 知識創造タイプ別の空間特性

■ネットワーク・コミュニケーション・ツールの功罪

現代におけるコミュニケーションを考えるとき、SNS（Social Networking Service）を欠かすことはできません。スマートフォンやタブレット端末などのデジタル・コミュニケーション・ツールを介したSNSは、人と人との関係を幅広く展開し、そして深めるためのツールとして広く普及しています。

これらのネットワーク・コミュニケーションに関係するツールの特性について少し述べておきます。従来、複数の人同士が実際に会って話をするためには、時間と場所を共有する必要がありました。SNSは、スマートフォンのような携帯できるデジタル・コミュニケーション・ツールさえあれば、この時間と場所を必ずしも共有する必要がありません。いつでもどこにいても、お互いの情報を伝え合うことができ、かつ同時刻性を強要しないので、自分の都合を優先しつつ友人や仲間たちと交流することは、将に理想的なコミュニケーションのあり方かもしれません。

ところが、このSNSには、コミュニケーションに関する「負」の機能があります。それは、特定の人物を自分たちのコミュニケーションの輪から完全に除外することが簡単にできることです。これは、意図的にでもさりげなく「仲間外れ」を作る機能です。対面中心のコミュニケーション関係であれば、グループから除外しようとする場合は、本人に直接応対して告げなければなりません。告げる方も告げられる方も、それなりの心理的な負荷が生じます。フィジカルな人間関係を断ち切るのは、とても勇気がいることです。したがって、面と向かってわれわれのグループはあなたとは一切関わりを持たない、と断言することは余程のことがない限り起きません。人間関係を修復する機会が残されるわけです。

ところが、ＳＮＳであれば、「削除」のアイコンを選択するだけですみます。ワンクリックです。ＳＮＳで形成されるグループは、交換される情報が第三者またはグループに漏れにくく、かつグループ内には確実に伝達されます。なので、メンバー間の閉鎖的な親密度が極めて高くなる一方、他のグループとの関連性がとても希薄になる傾向があります。つまり「強いつながり」を作りやすいツールなのです。さらに、ＳＮＳへの依存度が高くなればなるほど、時間と場所を共有することで起きるはずの自然なコミュニケーションは極端に少なくなり、ＳＮＳが提供している仮想的コミュニティのみが、人同士の関連性を強く縛る綱になっていきます。このような状況下で、ＳＮＳのグループから外されてしまうということは、ほぼすべての身近な社会生活の情報が入ってこなくなると同時に、すべての人間関係を断ち切られるのと同等の意味を持つことがあります。仮にこれを、個人的な人間関係においては許容するとしても、オフィシャルなワークの中で日常茶飯的に行なわれるようになると、そのチームは、自ずから「弱いつながり」や「緩いつながり」を否定するような傾向が強くなるので、共生型イノベーション発動のプロジェクト自体が頓挫する可能性が高くなってしまいます。

何事にも「正」の面と「負」の面があります。人間の性《さが》として「好き・嫌い」は、どうしても生じてしまいます。そして、そのどちらを用いるかは、SNSの使用者に委ねられているのが現状です。デジタル・コミュニケーション・ツールは、便利このうえない道具であるだけではなく、反対のディスコミュニケーション・ツールであることを忘れてはならないでしょう。

3　ネクサス・コモンズをデザインする

前項では、共生型イノベーションを発動させるチームのメンバー同士のつながり方や、そのための空間的要素などの個々の要素を説明しました。本項では、それらをどのように組み立てて、実際の空間環境を構成していけば良いか、また、どのような機能やデザインの空間ツール（家具・備品）を用いたらよ良いかを考察していきます。

ただし、ここで紹介する空間環境の形状・設えは、今現実にある建築物やツールと乖離しているかもしれません。しかし、あえてその理想形を追求するという試みを完遂するために、発想したそのままの形でご提案します。いわば、自動車業界におけるモーターショーに出品されるコンセプトカーのような、ある一つのコンセプトにおいて極限的な形を追い求めたものと解釈していただければと思います。

■ネクサス・コモンズとは何か

ネクサス・コモンズとは、「共生型イノベーション」を発動させることができる、理工系と文科系の人財が協働作業するための、獲得的多様性を持った人たちがお互いを尊重しながら仕事や学修ができる、協創空間をいいます。ここでいう「協創(Collaborative Innovation)」が「共創(Co-Creation)」でないのは、ネクサス・コモンズが共生型イノベーションを発動するために、どういう人財がどのようにしてつながれば良いのか、ということを、空間環境の構成を考案する際に、とくに重要視しているからです。それがゆえの「ネクサス(絆)」という名称を冠した空間環境であり、ここを組み立てる各種のツールが、まったく新しくデザインされる必要性があるのです。

■「つながり」をデザインする

「ネクサス・コモンズ」を組み立てるための最初の作業として、各空間性質ごとの構成関係（スペース・ゾーニング）を考えていきましょう。前項では、共生型イノベーションを発動するためのコミュニケーション関係は、「強いつながり」＋「弱いつながり」＋「緩いつながり」の三重構造であることが重要であると説明しました。このコミュニケーション関係を有効に稼動させるには、空間的な配置関係、つまり「場」の組み合わせ方をデザインしなければなりません。

この組み合わせをどうするかによって、空間環境全体の性能が決まります。そこで、この三つの「つながり」関係と、人財の多様性をコントロールする空間環境要素である「特設」と「可変」の考え方を有機的に組み立てて、以下の三ゾーンを創案しました。

・「強いつながり」を深め稼動させるコア・グループの専従「特設」空間
・「弱いつながり」がコア・メンバーたちと交流し、議論できる「可変」空間
・「緩いつながり」が干渉できる「特設」性と「可変」性を併せ持った空間

この三種類の空間は、等距離・等間隔にシームレスにつながっていて、相互に自由に行き来ができる環境でなければなりません。理由は二つあります。一つは、「強いつながり」が派生させる村社会的な「内集団バイアス」を発生させないようにするためです。ワーキング・エリア内は、視認性の高い内装仕様にし、スペース内に認識しにくい隠れ家になるような場所や袋小路をできるだけ作らないようにします。

二つめは、プロジェクト・チームのリーダーが、プロジェクト横断体制を作りやすくするためです。おそらく、さまざまな組織体では、プロジェクト間の情報交換を促進するた

めに、定期的な会議を開催していることでしょう。しかし、そのような会議の中では、相互発展が起きるような機会はなかなか生まれにくいのです。知識や技能が交差した知的融合は、日常的な何気ない「気づき」や「閃き」から生まれることが多いからです。もちろん、リーダー同士の日常的な交流から発展することもありますが、それはリーダー同士の親密性が高い場合に限られますし、グラノヴェッターがいうように、そういう関係からイノベイティブな発想は生じにくいのです。ですから、各プロジェクト・チームが日常的にワーキングしている「現場」に、多様性を持った他のプロジェクト・チームのリーダーが「緩いつながり」をもって関われるようにしなければならないのです。ネクサス・コモンズ空間において「緩いつながり」関係は、各プロジェクト・チームに対して知識や技能の示唆を与えると同時に、プロジェクト間の連鎖の輪が生じる役目を担います。

これらの関係を総合的にまとめ、具体的なゾーニング・プランとして描いてみました（図2-6）。基本形は円形ゾーニングです。

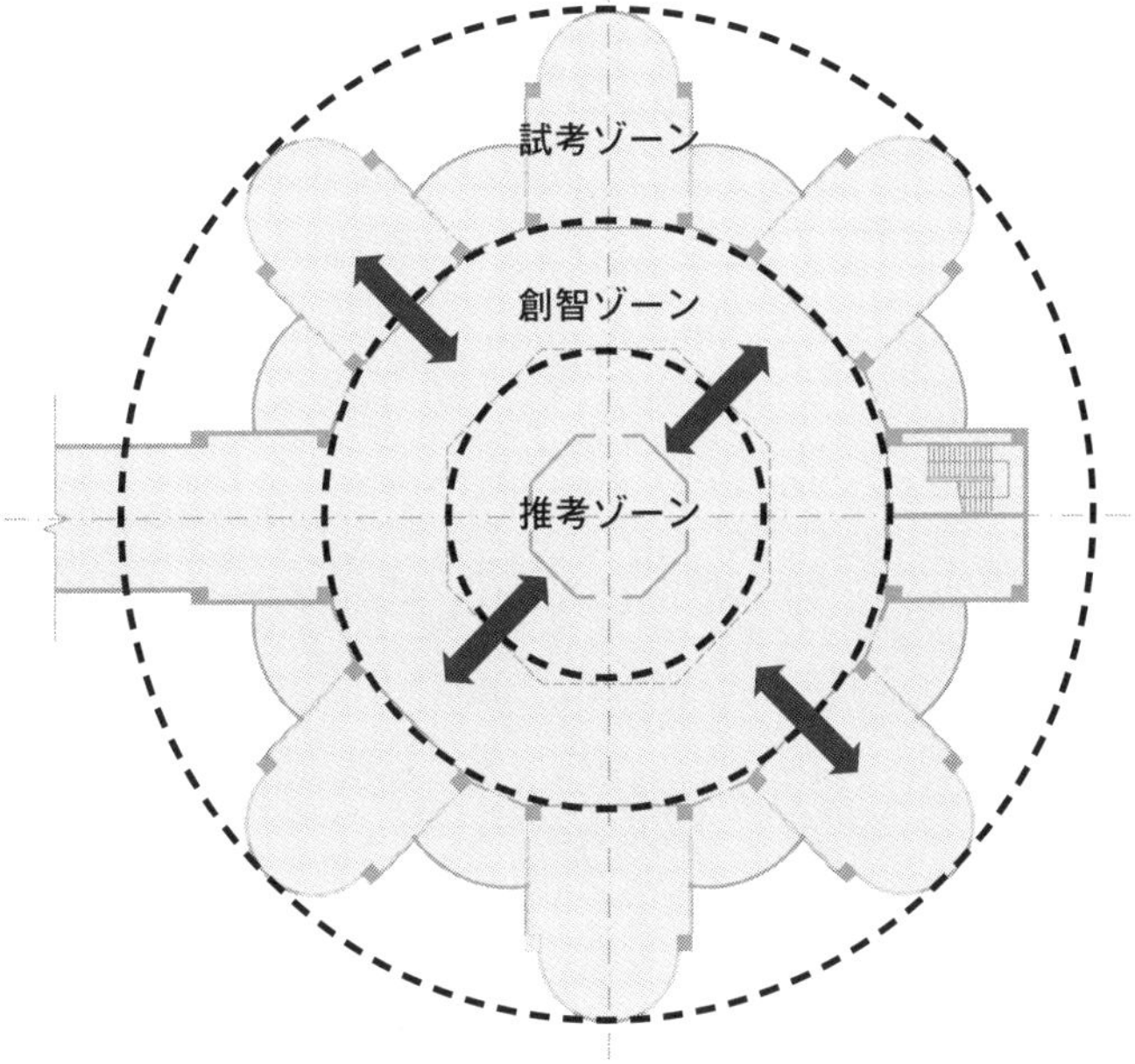

試考ゾーン(試しながら考える)：「強いつながり」主体
「特設」コラボレーション空間

創智ゾーン(新たな知を創る)：「強いつながり」+「弱いつながり」主体
「可変」コラボレーション空間

推考ゾーン(推測しながら考える)：「弱いつながり」+「緩いつながり」主体
「特設」+「可変」コミュニケーション空間

図2-6 ネクサス・コモンズ　ゾーニング概念図

この空間の中心には、「緩いつながり」が干渉できる「特設」性と「可変」性を併せ持った空間を置きます。ここは、「特設」空間と「可変」空間の機能を併せ持つために、固定された低い壁に囲われています。この壁は、囲われている内部の状況を外側から認識できる場合とできない場合を選択できるように設えます。可能であれば、その視認性の程度を段階的に変化させられるとより有効的です。これは、この中で行なわれている作業内容によって、内外環境に対する干渉の度合いを調整できるようにするためです。原則として、何も行なわれていないときは家具・備品なども何もなく、そのときには誰がどのように使用しても良い空間です。具体的には、期間が限定されたイベント、プロジェクトのプレゼンテーション、情報交換のための交流会、熟考・熟慮など、人財同士がお互いのコミュニケーションを深めることを行なう空間です。ここを「推考ゾーン」とします。

同心円上に広がるその外側にあるエリアは、「弱いつながり」がコア・メンバーたちと協創し、議論することができる「可変」空間です。ここには、固定的な設えは想定されておらず、ある意味、無限の変化に対応できるように設定されます。この空間は、多様性を持った人財たちが、四つのコミュニケーションのうちの「対者との対話」と「仲間との対話」をより効果的に行なえることを最大の目的としています。創造的な知識や知恵は、対話から生まれます。それを促進する起爆剤になる「弱いつながり」関係の効果を最大限に発揮させるためには、多様な人財がランダムに参画したときに最適に順応できる環境を創らなければなりません。そうすると、固定化された作業環境は、むしろ障害になることが多いのです。さまざまな環境バリエーションを持った空間環境をそこかしこに設置するという考え方もあります。ところが、イノベーションを効果的に発揮するために、人財多様性の度合いがどんどん高まっていった場合、それに応じて設置しなければならない環境バリエーションの数を増やしていかなくてはならなくなります。そうなると、前章で述べたソリューションの足し合わせと鵺《ぬえ》化が過剰反応し、無限の空間領域と費用がかかってくることになるでしょう。

自分たちにとって最適な空間環境は自分たちで創ることが理想的です。これを主旨としたコラボレーション空間は、「ネクサス・コモンズ」空間の中核的エリアになります。この空間を「創智ゾーン」とします。

「ネクサス・コモンズ」空間の最外郭に位置するのが、「強いつながり」を深め稼動させるコア・グループの専従「特設」空間です。このエリアは、円形ゾーニングの外周部分に相当し、それぞれに独立して各種に特化した機能を持つ個室の集まりです。個室間の仕切り壁はフラットな不可視で、必要に応じて防音・防振対策が施されます。このエリアは、運用上、「創智ゾーン」との連携を密にしなければならないので、その境界は可視性が高く、心理的な隔たりがあまり生じないような素材を用いて仕切ります。日常的にはオープンで、ワーキング状況に応じてセミオープンとクローズド環境を選択できるという機能です。

具体的には、各プロジェクト・ルーム（チームごとの占有居室）、3Dプリンタや工作機器の置かれたワーク工房（テクニカル・ショップ）、その他の専門的な各種作業室となります。この空間を「試考ゾーン」とします。

この空間ゾーニングが円形である理由は、中心に位置する推考の場が、各機能空間と等距離にある必要があるからです。「推考ゾーン」は、個々に独立した各プロジェクト・チームを、その「緩いつながり」によって、有機的に連携させたり融合させたりする役割を担っています。もし仮に、直線的な配置がなされたがために、「推考ゾーン」から距離的に遠く遊離したプロジェクト・チームがあると、そこがその恩恵を受けることが難しくなり、孤立してしまう危険性があるのです。さらに、「創智ゾーン」と「試考ゾーン」との関係が同様であれば、「弱いつながり」によるクロス・コミュニケーションが生まれにくくなり、同じ危険性が発現してきます。

また、円形配置は全方位360度の視認性がありますので、そこでコラボレーションするメンバー同士が、お互いに刺激し合って良い影響を与え合いやすい環境になっていることも、円形ゾーニングのメリットです。（註２-３-１）

このゾーニング・プランを、コミュニケーションにおけるゾーン・コンセプトに当てはめると、「試考ゾーン」がモノ・コミュニケーション、「試考ゾーン」と「創智ゾーン」との連携がクロス・コミュニケーション、この二つに「推考ゾーン」を加えたエリアがマルチ・コミュニケーションの場として機能することになります。この三つの場を連携させた総合的な考えて創り出す空間環境を「考創の場」と定義し、ネクサス・コモンズ空間における知識創造の基本概念とします。

さて、「考創の場」であるネクサス・コモンズには、どのような家具・備品が必要になるのでしょうか。もちろん、すべてが真新しいものだけで構成されることはないとしても、やはり従来からあるものだけで成立させることは難しいのではないでしょうか。それを考えるにあたり、そのヒントになるような知見をご紹介します。

■コラボレーションに適した形状とは

知的作業に必要なツールの中で、まず拠り所になるものとして思いつくものはテーブルです。何をするにしても、作業するための基盤のようなものは必要だからです。そのテーブルの使い勝手、とくにコラボレーションする際に最も適したテーブル面の形状はどんなものか、調べたことがあります。

コラボレーションをするときに、テーブルを用いて行なう作業を、ディスカッション（議論）、ペアワーク（二人一組で行なう作業）、ハンドワーク（筆記や工作、パソコン作業などの机上面作業）、スタディ（発表・説明・プレゼンテーション）の四つに分類し、被験者にその作業性を五段階評価させました。これを机上面の形状が円形のテーブルと長方形とで比較しました（図2-7）。

結論からすると、ハンドワークを除くすべての作業において、円形テーブルの方が使いやすいという結果になりました。円形テーブルの利点として、ディスカションの際は、メンバー全員の顔が一望でき、どのメンバーとも会話しやすいことが挙げられます。ペアワークでは、隣に座っているバディ（相棒）との距離が適度に近く、テーブル面の角度が丸いため机上面の占有感覚（縄張り意識）が曖昧になり、気にならないので良い。スタディ

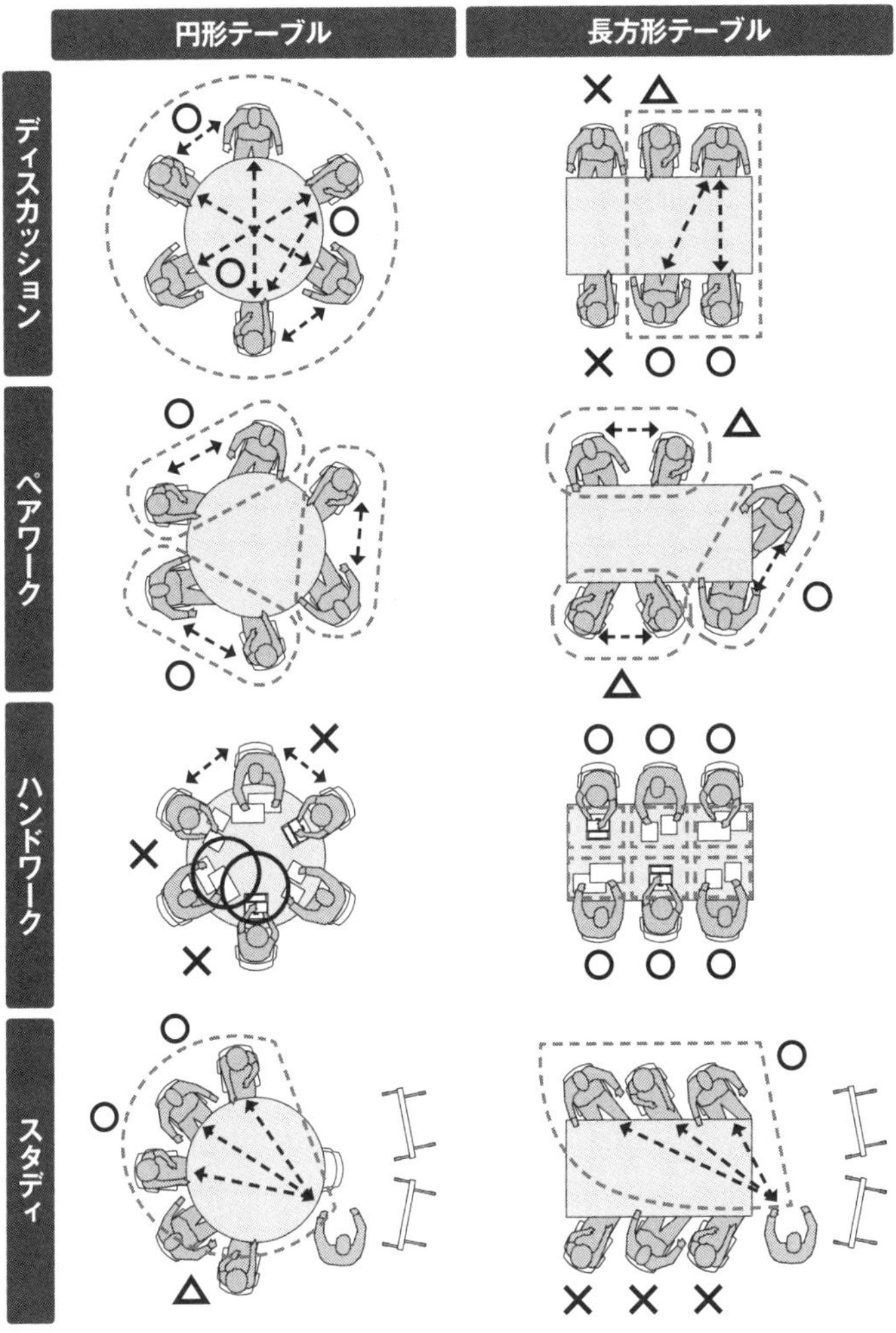

図2-7 テーブル形状とコラボレーションの関係

の際は、立っているリーダー（発表者）からメンバー全員の顔姿が見えるので意見交換がしやすかったことと、座っているメンバーからもリーダーを注視しやすく、死角がないので積極的に参画できたということでした。唯一の欠点として、ハンドワーク時には自分が使える机上面面積が狭く、かつ隣のメンバーとの境界線が認識しがたいので、作業しづらかったとなっています。

それに対して、長方形テーブルの場合は、ディスカッションでは対面に座っているメンバーとは議論しやすいが、隣のメンバーとは顔や身体を動かさないと議論できない。さらに、一人先に置いた隣にいるメンバーは、その姿が隣のメンバーに隠れてしまっているので、よく認識できなかったということでした。ハンドワーク以外の他の作業でも、ほぼ同様の理由で、円形テーブルと比較して使いづらかったという結果になりました。

他に細かいところでは、長方形テーブルには文化慣習上の上座下座（ヒエラルキー）の概念があるので、座る場所に気を遣う。円形テーブルは、机上面での作業を考えなければ、参加人数にフレキシブルに対応でき、寄り合って座れるので良い。長方形テーブルには角があるので、そうするのが難しい、などの意見がありました。

テーブルの形状は、机上作業性に課題はあるものの、コラボレーションについては、円形テーブルが向いているようです。

名古屋大学教養教育院のエース・ラボS教室では、円形テーブルと長方形テーブルの両方のメリット獲得とデメリットの解消を考慮して、机上面の形状が特殊なテーブルが導入されています（**図2-8**）。

このテーブルは、円形の机上面の一部を円弧状に切り取った形をしていて、この同じテーブル同士の組み合わせ方を変えることによって、円形テーブルと長方形テーブルのどちらの使い方もできるように工夫したものです。そして、パソコンの利用も考慮して、配線機能も内蔵した構造にし、パーソナル作業の利便性を考え、着脱式のサイドカバーを用意してあります。

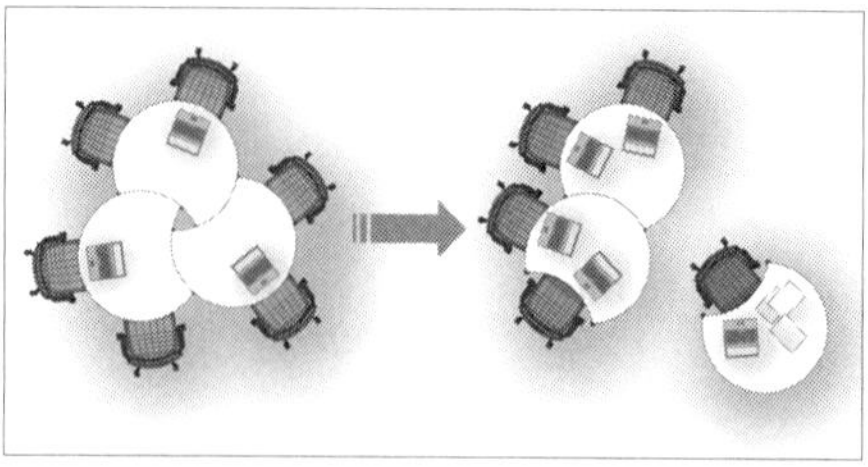

【長方形テーブルモード 組み合わせ】

【円形テーブルモード 組み合わせ】

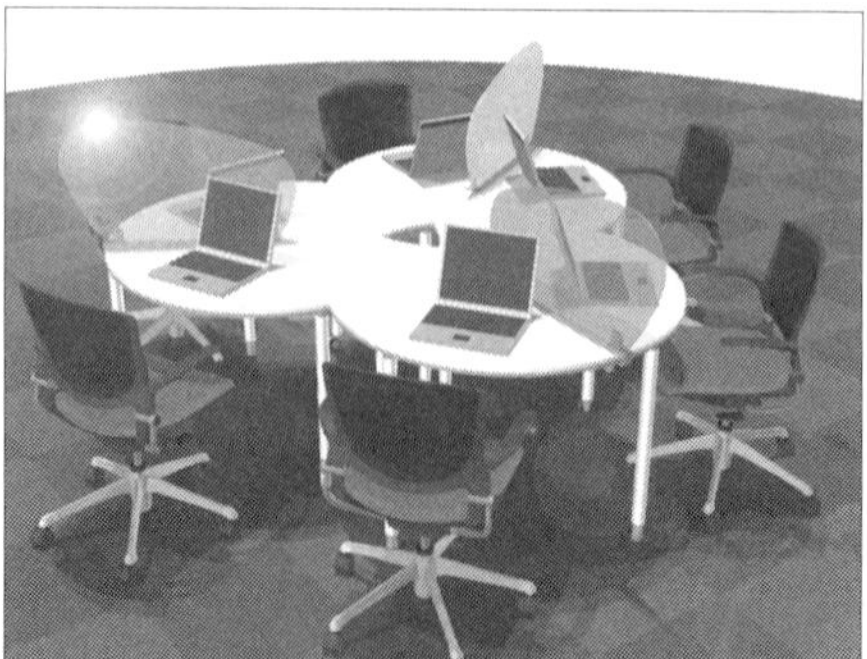

図2-8 エース・ラボSのテーブルの組み合わせ例

■「場」の強制力がもたらすこと

ネクサス・コモンズ空間を構成している要素のうち、最も重要な活動空間は、三重構造の中間部にある「創智ゾーン」です。ここをどう考案するかで、ネクサス・コモンズ空間全体の機能的価値が決まってしまうでしょう。したがって、この「場」を考案することに最も注力を傾けました。

この空間領域を考案する際に、既存のあらゆる家具とツールを使用して、考えられるであろうほぼすべての配置パターンを試し、検証しました。その結論は、どのパターンも正解であり、かつ不正解であったのです。いささか禅問答のようになりますが、「創智ゾーン」の役割を考えたときに、実際に「何を置いても良く、またそれが唯一の正解ではなかった」のです。発想はそこで行き詰まりました。なぜなら、思案の過程の中で、あらゆるすべての知的な作業を行なうことを想定し、それらを実行する「道具」の機能を盛り込むことを考えたとき、避けて通れない一つの気づきがあったからです。

それは、ある知的行為（例えば、一人で考える・パソコンで執筆する・仲間と会話する・議論するなど）を想定して「場」を考案すると、そこは一種の強制力を持ってしまい、その目的以外での利用を拒絶するということでした。つまり、「場」のあり方によって行為が制限されてしまうことに気がついたのです。前項で分類した知識創造タイプ別の空間特性の中の「ソリューション・スタイル」と「オペレーション・スタイル」の思考分野では、比較的パターン化された作業が多くあるので、その影響は少ないと考えられるのですが、こと「イノベーション・スタイル」の場合は大きく異なります。多くの獲得的多様性を持った人財が、入れ代わり立ち代わり、主体的・自律的に振る舞いながら、プロジェクトを進行させていきます。それは、一様なプロセスを経るものではなく、多くの変化に対応できなければならないでしょう。それが、「場」の強制力によって、例えば、初期の重要な思考プロセスであるアイデアの発現が滞ったりすれば、それ以降のプロセスに重大な支障を無意識的に起こす可能性があることがわかったのです。

■〝「場」を創るための「道具」〟としての家具

では、この「創智ゾーン」は、どのように構成すれば良いのでしょうか。さまざまな意見の交換と議論を重ねた結果、その結論は、〝「場」を創るための「道具」〟としての家具という新しいデザイン・コンセプトでした。

〝「場」を創るための「道具」〟とは、その「場」を活用するチームもしくは個人が、自分たちにとって相応しく、これから実行しようとしている知的作業をするために最も適した空間環境を、自分たちの手で創ることができるツールということです。それは受動的に与えられたものではなく、主体的・自律的に設定されなければなりません。理想的な知識創造空間は、ある特定のフレームワークに倣うのではなく、その構成を創造者たちの手に委ねる必要があるのだと考えたのです。

ところが、これを実行するには、一つの大きなハードルがあります。それは、このような空間をゼロベース、例えばベニヤ板やミカン箱などで新規に構築するには、多少なりとも設計やデザインのスキルが必要になることです。プロジェクト・メンバーは、必ずしも理工系または建築・デザイン系の人間であるとは限りません。さらに、その設えを創るにあたり、許容されるであろう時間以上のものを費やさなければならないのなら、本筋であるプロジェクトの実行・進行に支障が出てきます。プロジェクト実行までの準備期間として、比較的長期間の猶予が与えられている場合ならともかく、一般的にはその余裕がないことの方が多いと思われます。このようなリスクと煩わしさが常に伴うような空間は、極めて利用勝手の悪い環境といわざるを得ません。そこで、これらを回避するために、「創智ゾーン」の簡易組立式の道具システム（考創具）の概念を考案しました。

■考創具の構造

この考創具は、コアとなる筐体（ベイスユニット）を基盤とし、フレイムユニットを介していくつかのサブユニットを組み合わせることによって、テーブル・ハイテーブル・スツール・収納庫・カウンター・ベンチ・植栽台・ホワイトボードなどの筆記ツールを自由にかつ堅牢に組み立てていくというシステムです（図2-9）。

考創具の基本デザインを説明します。ベイスユニットは、その基本形を直方体（六面体）とし、各二面ずつ三種類の面がそれぞれデザイン形状が異なるインターフェイスになっていて、他のサブユニットを組み合わせることによってさまざまな家具を創り出すことができます。

ベイスユニットの内部には、フレイムユニットが格納されています。これは、ベイスユニットの機能を増幅させる拡張パーツで、電源装置や通信装置を内蔵させることができ、必要に応じて取り出して使用します。これはまた、構造体としても機能します。例えば、ベイスユニットの上に載せてハイテーブルにしたり、天板、座面、プランターや照明装置、その他ＩＴ機器などの接続端子として使用します。

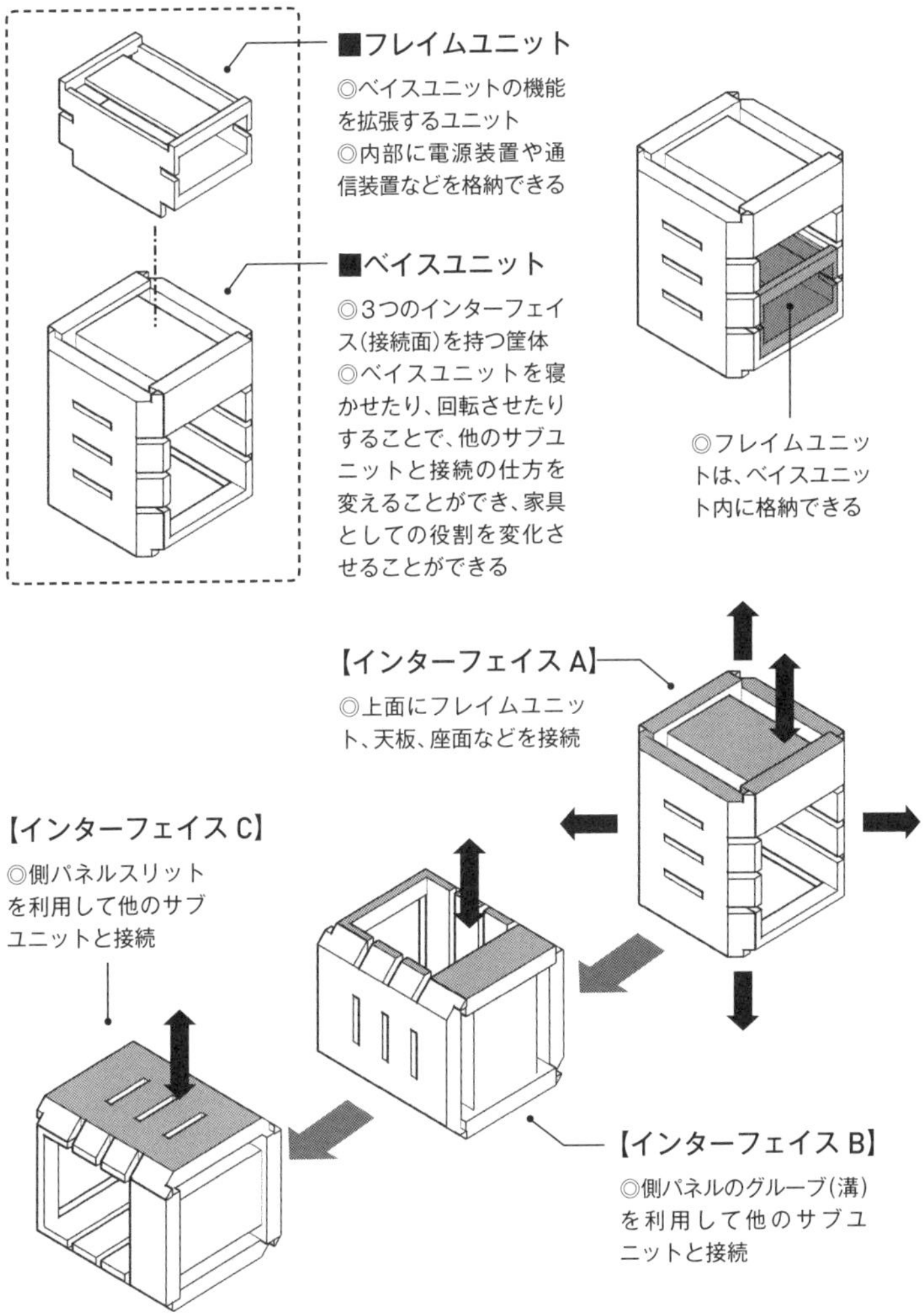

図2-9-1 考創具システム概念図1

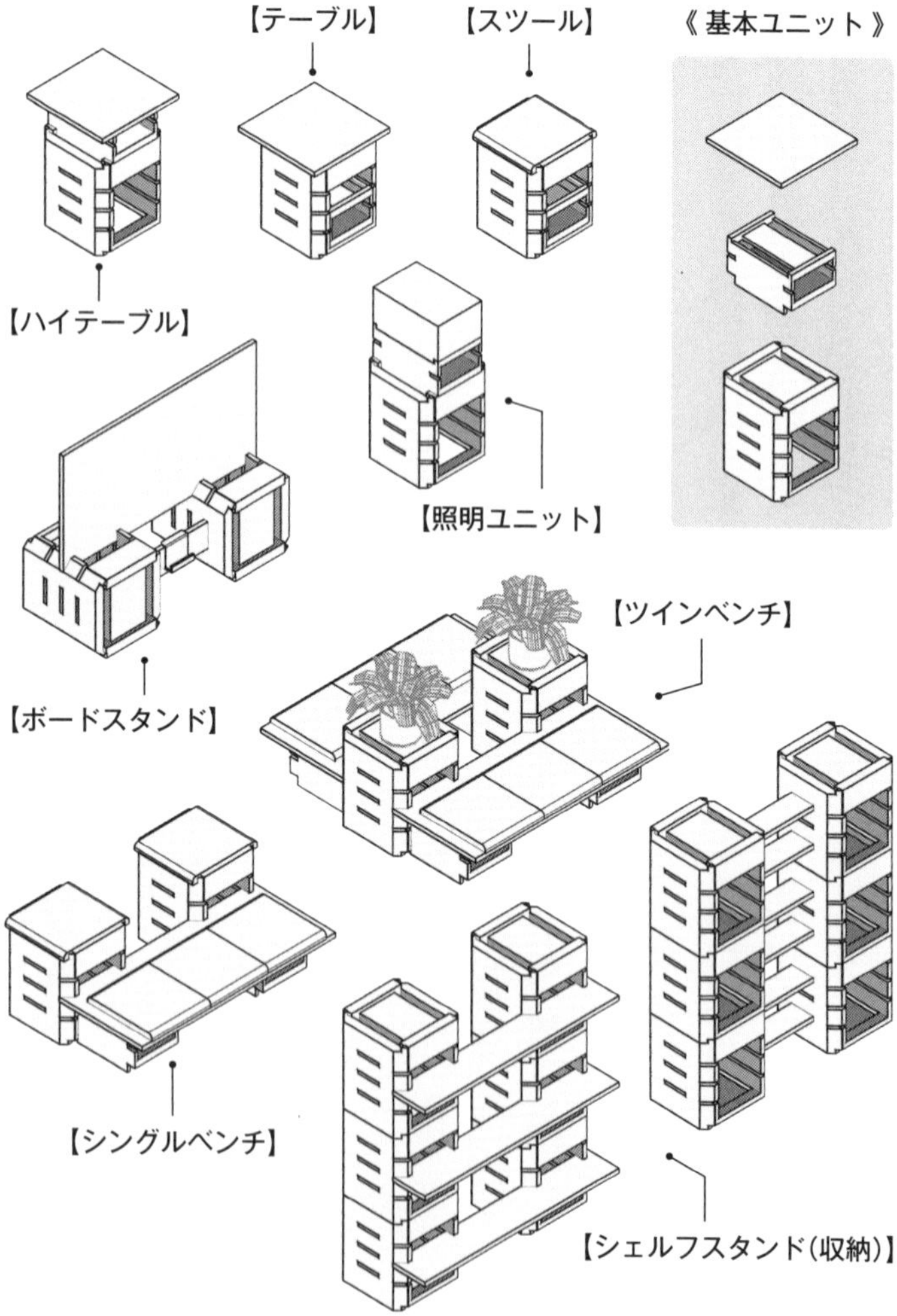

図2-9-2 考創具システム概念図2

このベイスユニットを基本とした家具のバリエーションとして、

- **テーブル**　ベイスユニット×１＋天板
- **ハイテーブル**　ベイスユニット×１＋フレイムユニット×１＋天板
- **照明ユニット**　ベイスユニット×１＋フレイムユニット×１＋照明装置
- **スツール**　ベイスユニット×１＋座面
- **シングルベンチ**　ベイスユニット×２＋フレイムユニット×２＋ベンチ座面
- **ボードスタンド**　ベイスユニット×２＋ボード
- **シェルフスタンド（収納）**　ベイスユニット×複数＋棚板

などの構成を組み立てることができます。

この考創具のデザイン・モチーフの基本は、一つのコアとなるユニットを多目的に使用できることとです。多様な形状を持った多くのパーツ群から選択するのではなく、ベイスユニットの置き方を変えること、つまり、並べたり、積み上げたり、寝かしたり、逆さにしたりすることでその役割を変化させ、目的とする家具を多様に生み出すことができるアイテムとしてデザインされました（価値の転換）。そして、その形状は、限りなくシンプルで、また直感的に組み立て方がわかるような意匠を持っていなければなりません。

これらの機能的デザインは、多岐に渡る余剰部品を大量に在庫する必要性がないというフィジカルな理由に根差すだけではありません。考創具が内包する本当のコンセプトは、その利用者のイマジネーションをも拡大させる「道具」として機能することです。つまり、この「道具」を使うためには、自らの環境を生み出すことができる「創造力」と「想像力」の両方が備わっていることが要求され、「創智ゾーン」の利用者が、共生型イノベーションを発動させるという重要なプロジェクトを担うスキルがあるかどうかを試される、ということでもあるのです。

この条件をクリアすることが、ネクサス・コモンズ空間の「創智ゾーン」において、知的創造作業を担うことが許されるメンバーの参画条件になるのかもしれません。

■考創具の応用

考創具のもう一つのバリエーション構想をご紹介します。考創具をデザインする過程で、応用的に、「コミュニケーションに特化したユニット構成ができないか」という課題が発生しました（ソリューション的展開）。これは、「創智ゾーン」だけではなく「推考ゾーン」

でも使用できる考創「道具」を思案しているときに生まれた発想です。「推考ゾーン」を既存の家具で構成するのではなく、考創具で組み立てたらどうなるか、というのがそのテーマになりました。

さて、本来、シンプルであらゆる空間用途に対応しようとするのが考創具の基本コンセプトなのですが、応用派生的なバリエーションとして、その基本デザインを再構成することにしました。コミュニケーション・ワーキングのために、シンプルな形状のイノベーション・アイテムを、ソリューション的な環境要因を加えることでデザイン展開することにしたのです。まず着目したのは、コミュニケーションの基本は、いうまでもなく「会話」だということです。以心伝心、目と心で会話する方もいらっしゃるかもしれませんが、一般的な言葉による会話が促進されるような工夫を盛り込むことにしました。立案した応用的なコンセプトは、

・「推考ゾーン」に相応しい意匠性（デザイン・テーマ）を設ける。
　（空間のシンボル的な意匠を盛り込む）
・「考創具」の考え方であるベイスユニット中心の基本構造とする。
・コミュニケーションのための「拠り所」としてのテーブル中心の構成にする。

・パーソナルでもグループでも使用可能な形状にする。

の四つです。

■六分儀テーブルのデザイン

「推考ゾーン」で発生する「気づき」や「閃き」を象徴するようなデザイン・モチーフを設定しました。それは、ここで世界の最新情報を観測し、「推考ゾーン」で創られた「知」が、世界の指針として発信できるための空間ツール、「羅針盤」であることです。海洋を航海するときに必須だった道具があります。夜空の天体や遠く離れた目標物の二点間の角度を測る「六分儀」という道具です。デザイン意匠に、この六分儀のイメージを盛り込むことにしました（**図2-10**）。

六分儀テーブルは、その平面形状の基本を六角形とし、センター部分に六分儀の意匠を設けます。筐体（ベイス）ユニットとに加えて、脚部のあるテーブル・ユニットがあります。ベイスユニットは、センター部分が上下昇降し、テーブルの高さとハイテーブルの高さを選択できるようにします。これを基本にして、考創具と同様、他のサブユニットを組み合わせることで、カウンター、ストレージ（収納・棚）などの複数のテーブル構成を組

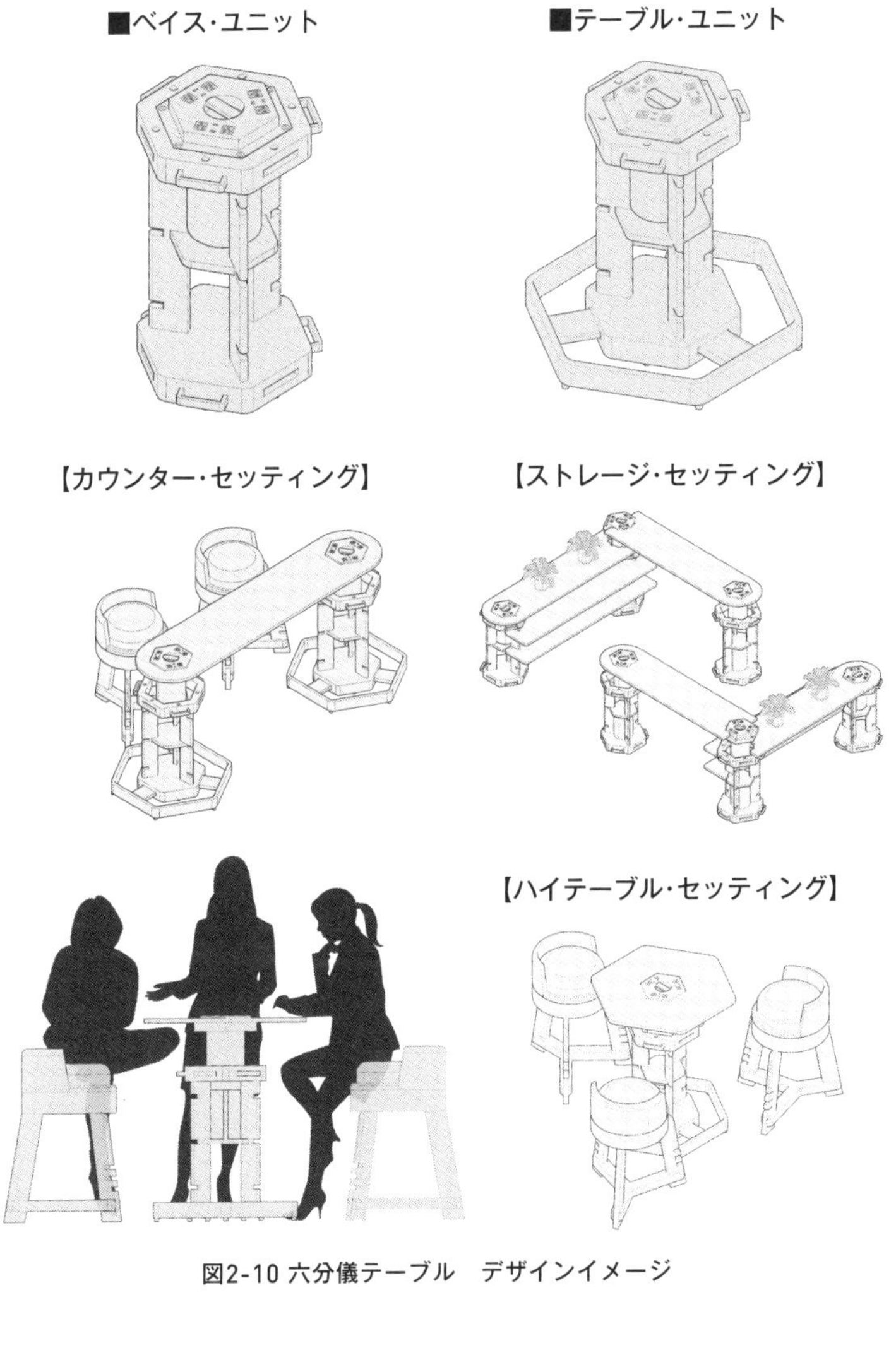

図2-10 六分儀テーブル　デザインイメージ

み立てることができるようにデザインされています。

六分儀テーブルは、オリジナルの考創具と比較して、汎用性を失うことになりますが、「推考ゾーン」で使用することに特化された、よりソリューション的な提案なのです。

■そして、さらなる発展を

このデザインは、まだプロトタイプの領域を出ていませんが、「新しい価値を創造する」ための空間環境を構成する「道具」の指針としてここに例示しました。従来、家具は、一度設置されたならば、原則的に空間「環境」を構成する変わらないものであって、その「場」の利用者は、それを無条件に受け容れざるを得ないと思われてきました。人間の知的行動の中でも、過去から現在まではソリューション的またはオペレーション的な作業が中心でしたので、それは当然のごとく容認されてきました。その同じ考え方の延長線上で、「新しい価値を創造する」という、ソリューションやオペレーションの経験で培ったスキルがまったく役に立たない異質な考働を行なうのは無理があったといえるでしょう。

イノベーション、とくに今回提案している「共生型」のイノベーションには、その考働作業に最も適合した「場」が必要になるのです。それを、本書では、「ネクサス・コモンズ」空間と名づけ提案しました。

ネクサス・コモンズ空間は、イノベーションの発現を実行するための三つのコミュニケーション・ゾーン（「モノ・コミュニケーション」「クロス・コミュニケーション」「マルチ・コミュニケーション」）を想定し、「特設」と「可変」という空間コントロール概念を用いて、それを円形配置された三重構造の空間環境（「推考ゾーン」「創智ゾーン」「試考ゾーン」）にまとめました。そして、その各ゾーンにおいて（なかでも中核的な環境である「創智ゾーン」ではとくに）、利用者の意思決定に基づいた空間環境を、自らの手で構築できる「考創具」を提案しました。これらの提案は、これで完成し終わるものではありません。この考え方を基本にして、さまざまな組織体の「対象（構成メンバー）」と「環境（風土・文化）」に適合させ発展させる段階があります。

ソリューションとオペレーションを主体とした、従来型の空間環境とその設えは、その目的のために、今後もネクサス・コモンズ空間と共存・共栄していくでしょう。なぜなら、イノベーションとは、駆逐・破壊の「道具」では決してなく、「共生」が最適化する社会的「道具」であり、ネクサス・コモンズ空間は、それを実現する「場」であり、概念であるからです。

COLUMN 2

コミュニケーションを活性化させる共感
＝女子カーリング競技の「そだね～」がなぜ大切なのか＝

2018年２月に行なわれた平昌（ピョンチャン）オリンピックにおいて、日本の女子カーリング・チームは銅メダルを獲得しました。団体スポーツ競技の中でも、カーリング競技は、競技中にメンバー全員が常に何らかの役割を果たし続ける全員プレー要素の強い競技です。

その女子チームがプレーの作戦を相談しているシーンが放映され、そこで交わされた「そだね～」という言葉が注目を浴びました。選手全員が、一体となってワークしなければならないとき、全員の「共感」に基づいた合意がなければ、上手くプレーすることは不可能です。「そだね～（＝共感したよ）」の合言葉は、コミュニケーションが極めて良好かつ効果的に行なわれたというお互いの合図といえるでしょう。その成果が、メダル獲得といった結果につながったと考えます。

同じ団体スポーツでも、野球の場合は少し異なります。野球の選手たちは、プレー中に選手同士で相談し合ったり、合意形成を行なったりすることはほとんどありません。選手は、監督（部分的にはコーチ）というリーダーの全体指揮に忠実に従って、その中で個人のスキルを最大限に発揮してプレーするかを要求されるからです。

共生型イノベーションを発動させ、多様な人財を内包するプロジェクト・チームは、どちらのようなチーム・ワークが望ましいのでしょうか。

第3章　イノベイティブ思考とリベラル・アーツ教育

——協働によって気づきを興す「考想する」場をどうデザインするか

1　イノベーションを発動できる人を育むために

前章までは、人同士がどのようにして互いに集まり、どんなふうに「つながり」を創っていけば良いのか、そのための空間環境とそこで使われるツールの在り様を具体的に提案しました。

本章では、それらの「つながり（絆）」を創っていく人に焦点を当て、そのあるべき姿を掘り下げていきます。共生型イノベーションを発動させるための、個々の人財の持っている技術と技能は、どのような要素が必要で、それを、どういう訓練プロセスで育成していけば良いかを、アカデミックな視点で分析していきます。

■イノベーションとリベラル・アーツ教育

武道や芸能の世界では、知識や技能の習得には三つの節目があるといわれています。一つめは、形を忠実に守る。二つめは、身につけた形を破り応用できる。三つめは、形を離れて独自の境地を築く場面です。これらは「守・破・離」と呼ばれています。学術の世界にも同様の考え方・見方があり、「リベラル・アーツ（Liberal Arts）」とも呼ばれています。

（註3-1-1）

これは、「わかる」「できる」という言葉で表わされる専門的な知識・技能に加えて、「身についている」と表現される資質・能力を含めた人の育成をより大切にする教育体系です。少し専門的な話になりますが、学術には、「〜学」「〜論」と呼ばれる基本単位があり、それぞれ固有の方法論を持った分野（ディシプリン Discipline）に分かれています。例えば、文科系と理科系、藝術系（人の創造物）と科学系（自然の創造物）という分類があります。文科系は人文科学と社会科学、理科系は理学・医学・工学・農学のように細分化していま す。このように枝分かれ・細分化し、分業する仕組は、行政・企業・医療などの社会において、直接部門と間接部門という機能分担、部署と事業体という業務分担に根差した職種や職務ごとの単位ユニットがあるのと似ています。

これらの単位が、従来のディシプリン中心ではなく課題中心に、共通目的に沿って有機的につながり協働することで、協創というシナジー効果が発現し、従来と異なる未開拓の新たな領域や分野が生まれます。この成果が社会の価値創造に結びつくときに、イノベーションと呼ばれます。戦略経営で「赤い海（Red Oceans）」と呼ばれる競争の激しい領域から、「青い海（Blue Oceans）」と呼ばれる競合者のいない新たな領域や市場を開拓する姿勢（キム、モボルニュ、2005）と似ています。

一方、リベラル・アーツは、「自由人にふさわしい技藝」という言葉の通り、伝統的な学理の束縛を超えて、自由な発想や着想によって仮説検証を繰り返しながら、新たな発見や発明（以後これらを〈閃き〉と記します）を見いだすと同時に、新たな学理・学術を拓いてゆく意味を有しています。そのため、主体的・能動的・自律的な学修を促すリベラル・アーツの思想は、イノベイティブ思考と相通じるものがあります。

■21世紀に向けた教育と科学技術の転換と潮流

欧州では、1999年に高等教育に関する共通の枠組を構築するため、人の交流を高めると同時に、教育の質の保証と国際競争力の向上を目的にした「ボローニャ宣言」が発表されました。同年には、科学技術の関係者によるブダペスト会議の中で「科学と科学的知識の利用に関する世界宣言」が採択され、社会との関わり合いから観た高等教育のあり方や科学技術の研究開発に関して大きな質的転換が始まりました。

経済先進国の教育改革は、期待される行動特性（Competency）、汎用的技能（Generic Skills）、雇用可能性（Employability）を資質・能力目標にしています（**表３‐１**）。日本においては、人間力、就職基礎能力、社会人基礎力、学士力のような行動特性が各府省庁から公表されています（**表３‐２**）。これらに共通する根幹は、思考する力、他者と協働する姿勢を重要視していることです。

表3-1 諸外国の教育改革における資質・能力目標

<table>
<tr><th colspan="2">DeSeCo</th><th>EU</th><th>英国</th><th>オーストラリア</th><th>ニュージーランド</th><th>(米国ほか)</th></tr>
<tr><th colspan="2">キー・コピテンシー</th><th>キー・コピテンシー</th><th>キー・スキルと思考スキル</th><th>汎用的能力</th><th>キー・コピテンシー</th><th>21世紀スキル</th></tr>
<tr><td rowspan="3">相互作用的道具活用力</td><td>言語・記号の活用</td><td>第1言語
外国語</td><td>コミュニケーション</td><td>リテラシー</td><td rowspan="3">言語・記号・テキストを使用する能力</td><td rowspan="2"></td></tr>
<tr><td>知識や情報の活用</td><td>数学と科学技術のコンピテンス</td><td>数学の応用</td><td>ニューメラシー</td></tr>
<tr><td>検索の活用</td><td>デジタル・コンピテンス</td><td>情報テクノロジー</td><td>ICT技術</td><td>情報リテラシー
ICTリテラシー</td></tr>
<tr><td colspan="2" rowspan="5">反省力
(考える力)
(協働する力)
(問題解決力)</td><td rowspan="5">学び方の学習</td><td rowspan="5">思考スキル
(問題解決)
(協働する)</td><td rowspan="5">批判的・創造的思考力</td><td rowspan="5">思考力</td><td>創造とイノベーション</td></tr>
<tr><td>批判的思考と問題解決</td></tr>
<tr><td>学び方の学習</td></tr>
<tr><td>コミュニケーション</td></tr>
<tr><td>協働</td></tr>
<tr><td rowspan="3">自律的活動力</td><td>大きな展望</td><td rowspan="2">進取の精神と起業精神</td><td rowspan="6">問題解決
協働する</td><td rowspan="2">倫理的行動</td><td rowspan="2">自己管理力</td><td rowspan="2">キャリアと生活</td></tr>
<tr><td>人生設計と個人的プロジェクト</td></tr>
<tr><td>権利・利害・限界や要求の表明</td><td rowspan="4">社会的・市民的コンピテンシー
文化的気づきと表現</td><td rowspan="4">個人的・社会的能力
異文化間理解</td><td rowspan="4">他者との関わり
参加と貢献</td><td>個人的・社会的責任</td></tr>
<tr><td rowspan="3">異質な集団での交流力</td><td>人間関係力</td><td rowspan="3">シティズンシップ</td></tr>
<tr><td>協働する力</td></tr>
<tr><td>問題解決力</td></tr>
</table>

(出典:国立教育政策研究所(2013)を一部修正)

表3-2 わが国で提案されている資質・能力

人間力（内閣府 H15）	
知的能力的要素	基礎学力（主に学校教育を通じて修得される基礎的な知的能力）
	専門的な知識・ノウハウ（これを持ち、自らそれらを継続的に高めていく力）
	論理的思考力
	創造力
社会・対人関係力的要素	コミュニケーション・スキル
	公共心
	規範意識 リーダーシップ
	他者を尊重し切磋琢磨しながらお互いを高め合う力
自己制御的要素	意欲
	忍耐力
	自分らしい生き方や成功を追求する力

就職基礎能力（厚生労働省 H16）	
コミュニケーション能力	意思疎通
	協調性
	自己表現力
職業人意識	責任感
	向上心・探究心
	職業意識・勤労観
基礎学力	読み書き 計算・数学的思考
	社会人常識
ビジネスマナー	基本的マナー
資格取得	情報技術関係の資格 経理・財務関係の資格 語学力関係の資格

社会人基礎力（経済産業省 H18）	
前に踏み出す力 action	主体性
	働きかけ力
	実行力
考え抜く力 thinking	課題発見力
	計画力
	創造力
チームで働く力 team-work	発進力 傾聴力
	柔軟性
	状況把握力
	規律性
	ストレスコントロール力

学士力（文部科学省 H20）	
知識・理解	学問分野の知識の体系的理解
汎用的技能	コミュニケーション・スキル
	数量的スキル
	情報リテラシー
	論理的思考力
	問題解決力
態度・志向性	自己管理力 倫理性
	チームワーク リーダーシップ
	市民としての社会的責任
	生涯学習力
総合的な学習経験と創造的思考力	これまでに修得した知識・技能・態度等を総合的に活用し、自らが立てた新たな課題にそれらを適用し、その課題を解決する能力

（出典：国立教育政策研究所（2013））

グローバル化する知識基盤社会における日本の代表的な施策として、大学卒業（学士）レベルの資質能力を備える人財養成のための参考指針として「学士力」を培う答申（中央教育審議会　2008）のほか、大学の組織的・体系的な教育課程の質的転換を促す答申（中央教育審議会　2012）がなされました。また、小学校から高等学校までの一貫した学力として、従来からある「体系的な知識を注入する」型の教育と「自分で考え実行する」型の教育の対立を超えた「確かな学力」を育む提言（中央教育審議会　2014）がなされました。現在では、「学力」を「知識・技能」「思考力・判断力・表現力」「主体性・多様性・協働性」の三つのカテゴリー要素として定義し、それを具体化する方法として、双方向授業、インターンシップ、サービス・ラーニング（学んだ知識・技能を地域社会の貢献活動で活かす学び）などが例示されています。（註3−1−2）

これらの提言や答申の背景には、予測困難な時代を迎えて、正解のない問題や課題が社会に溢れ、閉塞感を克服できる姿勢や態度を含めた資質と能力が、より社会から求められているという現実があるのです。このために、「批判的、合理的な思考力をはじめとする認知的能力」「チームワークやリーダーシップを発揮して社会的責任を担いうる倫理的、社会的能力」「総合的かつ持続的な学修体験に基づく創造力と構想力」「想定外の困難に際して的確な判断をするための基盤となる教養、知識、経験」などが教育の共通課題として掲げられています。

日本では少子化が進むなかで、高等教育の関心が学生の「量」から「質」へ変化していき、教え育む「教育」から学び修める「学修」へと視点が転換しています。そのため、学生が主体性を持って多様な人々と協力し、問題を発見し、解を見いだしていくような、グループ討論、ディベート、ペア／グループ学習、そして問題解決型学習（Problem/Project Based Learning、通称ＰＢＬ）による実践的な教育改革が進められています。この潮流は教育だけでなく、企業では顧客、行政では市民、医療では患者の目線を重視する経営が高まっており、社会の価値創造においては無視できない視座になっています。

2　ナレッジ・マネジメントから観た協創のプロセス

イノベーションを発動するために、協働しながら新しい知識を創造するための思考プロセス（どういう手順で考えを進めれば良いか）について深掘していきます。専門的な記述になりますが、この分野の研究に対する仮説・提案でもあるので、ここでは「ナレッジ・マネジメント」の観点から詳しく述べたいと思います。

■概念と知のマネジメントから観た協創のプロセス

イノベーションとは新しい知を創造することだとよくいわれていますが、それがどのようなプロセスで成し遂げられるか考えてみましょう。

知識の獲得（狭い意味での学力）に効果があった教育方法が、行動特性に結びつく資質・

能力の醸成（広い意味での学力）に対しても有効であるとはいえません。目的に適した手法開発を模索する必要があります。ナレッジ・マネジメントのＳＥＣＩモデル（野中・竹内、１９９６）を参照しながら、協働による価値創造の仕組を、個による内在的な概念形成ループと、協働による外在的な思考促進ループの二重構造で模式化（栗本、２０１８）してみました（図３－１）。ここで、概念とは、五感や触知覚（Haptics）のような他者へは伝わりにくいが、個のなかでは分類可能なものとします。さらに概念は、明確に判別できる具象的な「概念知」と、明確ではないが識別できる抽象的な「概念像」（Image）に分けられます。

このモデルの特色は、複数の「概念知」が集約・凝縮される『結晶化』を、協働体における「知のマネジメント」のループと個のなかにおける「概念のマネジメント」のループに重ね合わせている点です。ＳＥＣＩモデルで、個のなかにある身体感覚などの暗黙知は『共同化』によって伝承も可能ですが、一般に容易ではありません。しかし、ここで提案するモデルでは、『共同化』でなく、概念の『結晶化』によって凝縮された、ある種の〈閃き〉が『表出化』を経て「形式知」に変換された後に他者へ伝搬されるため、汎用性があると考えられます。（註３－２－１）

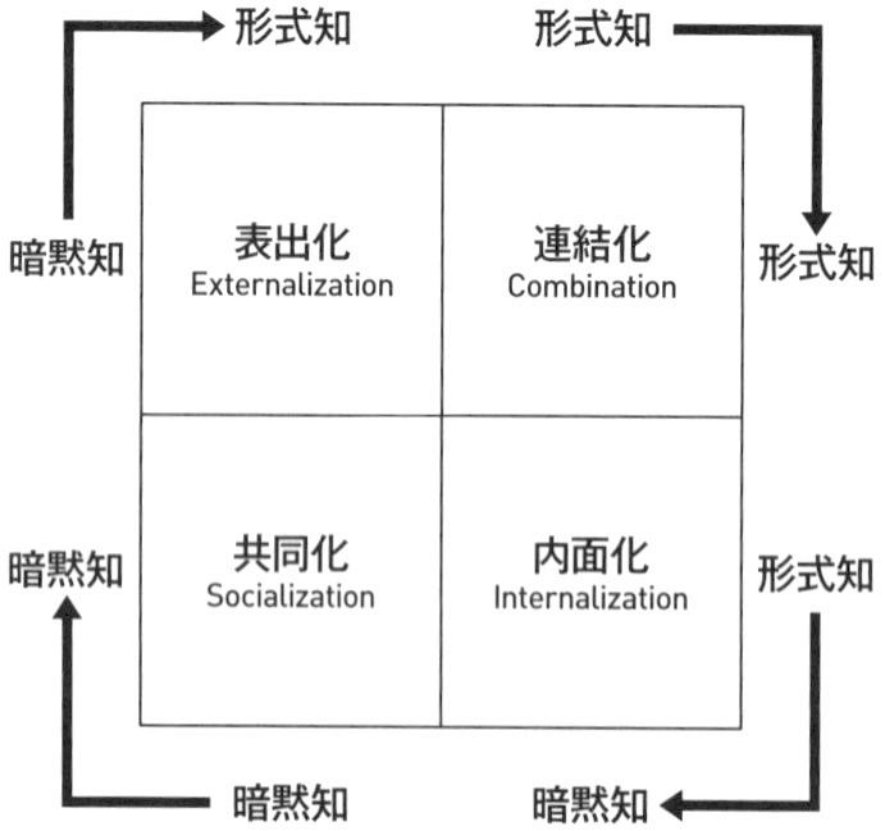

(a) 90度左回転させたSECIモデル

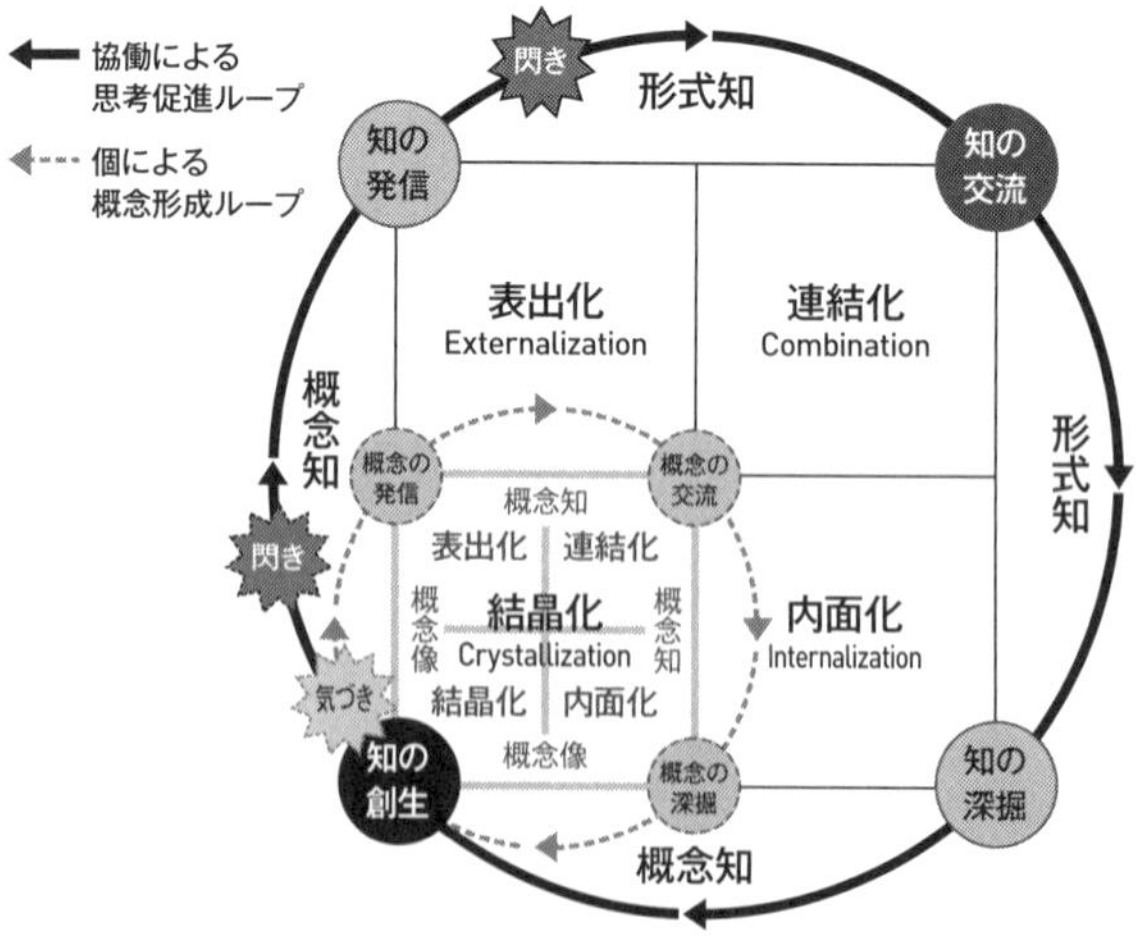

(b) 知と概念のループを重ね合わせたモデル

図3-1 新たな知の創生モデル

●知のマネジメント（協働における外在的な思考促進ループ）

STEP1 知の創生
個人のなかで散在する多種多様な「概念知」の集まりが凝縮・結晶化することで、アイデアの源泉となる新たな「概念知」である〈閃き〉を創生する。それが個人の抽象的概念であれば〈気づき（Awareness）〉に近く、「概念像」として、次項の個の内で起こる概念形成ループを循環する。

STEP2 知の発信
〈閃き〉という「概念知」を共有可能な「形式知」として発信・表出化することで、協働体の他者に働きかける。

STEP3 知の交流
発信された「形式知」と他者からの「形式知」の両者が協創し、交流・連結化によって結合した「形式知」が協働体に合成される。

STEP4 知の深掘
新たに合成された「形式知」が、知識体系のなかで深掘・内面化することで、協働体の個々に派生した新たな「概念知」が醸成される。

●概念のマネジメント（個における内在的な概念形成ループ）

STEP1 概念の創生
個のなかで混在・散在する概念の知と像の混沌状態から凝集・結晶化され、アイデアが生まれる。抽象的な像なら〈気づき〉として、具象的な知なら〈閃き〉として創出し、それぞれのループを循環する。例えば「可愛い」という新たな概念、「〜味」という新たな味の概念、「わび・さび」という和の概念など。

STEP2 概念の発信
曖昧な「概念像」をより明確な「概念知」として意識・表出化することで、個の内に存在する既存の「概念知」に働きかける。

STEP3 概念の交流
表出化した「概念知」と個に蓄積された「概念知」との間で創発し、交流・連結化によって結合した「概念知」が合成される。例えば「小さい」と「愛らしい」の知や像がつながるなど。

STEP4 概念の深掘
外部刺激や自己啓発によって想起された「概念知」は、個のもつ概念体系のなかでより深掘・内面化することで、個人のなかに派生した新たな「概念像」が醸成される。例えば「小さい」と「愛らしい」の概念から「可愛らしい」概念像が醸成されるなど。

では、イノベーションに役立つ価値創造はどこで生まれるのでしょうか。ここでは、個の内在的な概念形成ループと協働体の外在的な思考促進ループの間で共起する創発と協創のプロセスと見なしています（図3-2）。また、ワークショップでの観察記録から、二つのループはそれぞれ順序的・段階的に起こるのではなく、外側のループのなかで、内側のループが同時にかつ複数回発生しています。例えば、他者との交流によって、個体内では新たな〈気づき〉が連鎖反応的に起こります。この内在的な概念形成ループの〈気づき〉は、外発によって生まれるものだけでなく、個の洞察と反芻による内省からも生まれるため、自発的・自律的な進化や深化を引き起こします。

イノベイティブ思考は、まず個体内で〈気づき〉という形で、アイデアの種となる抽象的な「概念像」が表出化します。次に、個体内で他の概念と連結化、内面化、結晶化を繰り返しながら進化・深化します。やがて、他者にも共感しうる〈閃き〉という、明確かつ具象的な「概念知」として結晶化します。そして誰もが理解できる「形式知」として表出化することで、協働体に発信され、交流を介して共有されることになります。これは二重のループを有するモデルであることから、組織学習でいうダブル・ループ学習（Argyris and Schon, 1978）、自動制御では個の速いループと協働による遅いループの二重の構造でフィード

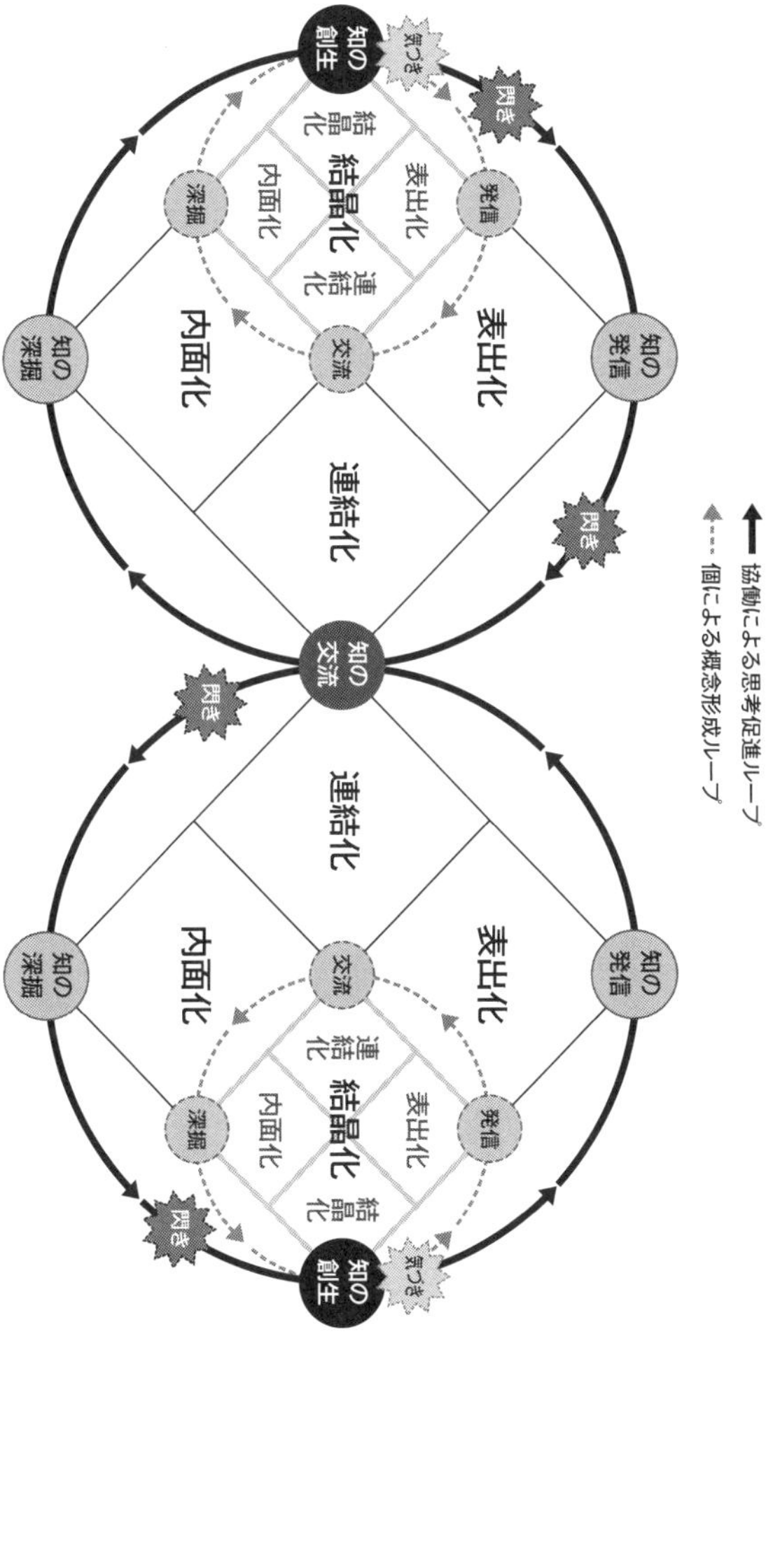

図3-2 協創過程における創生した知の伝搬モデル

バックするカスケード制御（計測自動制御学会 1968）と同じ機能に相当します。

■協働する場を記述する状態方程式

協創のプロセスとは、空間、時間、人数などで構成される物理的・量的でハードな環境と、参加者の発言、対話、表情などで構成される人間的・質的でソフトな環境の二つから構成され、協働する場の動的変化を意味します。後者の環境では、アイデアという〈閃き〉が飛び交い、協働体のなかで複雑な化学的反応を興します。そして、意思疎通と合意形成を繰り返しながら、成果としてイノベイティブ思考が協働体のなかに醸成されます。とくにワークショップでは、こうした場面に出会います。この状態変化を方程式に擬《なぞら》えると「図3-3」のように書くことができます。ここで、関数fは協働する場での参加者の発言の回数（量）や内容（質）、行動形態などで表象される協創するプロセスの進捗や状態です。入力xは協働する参加者の属性のほか、課題の設定、協働体の編成、進行方法、設備、支援者の助言や示唆など、協創プロセスを醸成する説明変数であり、出力yは協働による成果などが目的変数になります。

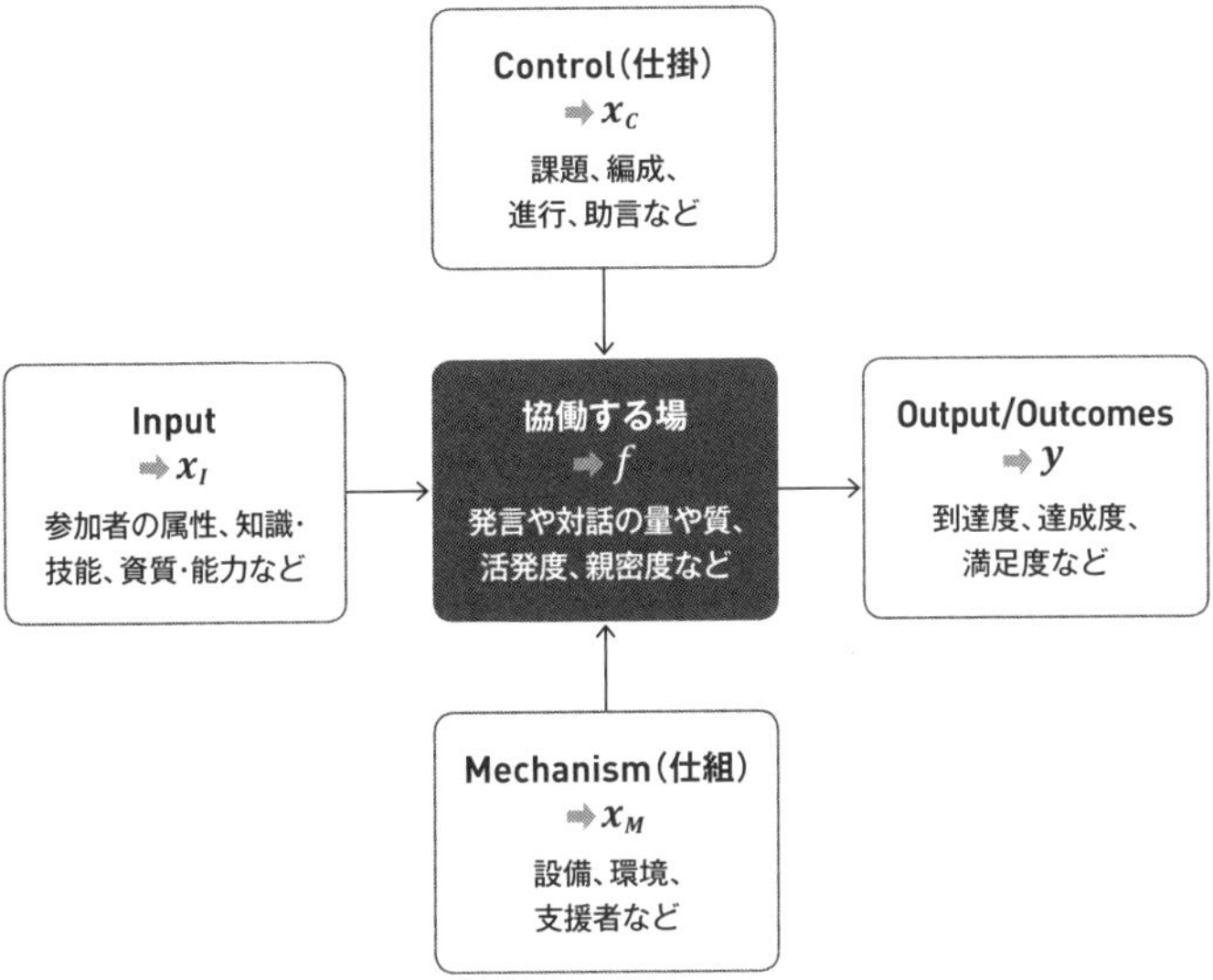

図3-3 協働する場の状態方程式

方程式の形でモデル化する目的は、イノベーションを発動する、魅力ある結果や成果につながる最適あるいは最良の出力（結果や成果など）が得られるような、協創のプロセスを醸成（制御・維持）する方策を見つけるためです。それは方程式の解である入力（人数や属性、協働体の編成、環境や条件）を特定することに他なりません。一般に逆問題を解く場合、説明変数と目的変数の関係が複雑なときは、解は一つではなく複数あります。多様な人が集う協働では、同一の参加者、環境、条件であっても再現性を確保できるとは限りません。また、協創というシナジー効果が結果としてプラスに働く場合と、逆にマイナスに働く場合に分かれます。そのため、協働によって協創するプロセスの動的挙動は鵺《ぬえ》が宿る世界ともいえます。こうした協創を興すプロセスを醸成するには、論理的・解析的手段である思考力だけでなく、概念的・統合的手法である想像力が求められます。

３　「考想する」場を育む環境と考え方
――名古屋大学　教養教育院エース・ラボＳ

名古屋大学教養教育院は、思考力を鍛え、想像力を働かせ、意識を変えることができる人を育むため、次世代の教育開発のための実験場として、ワークショップ専用教室であるエース・ラボＳ教室を設置しました。ここで、場を育む設計の方針とその概要を紹介します。

■方針１　多様性を確保した協働体を編成する！

異質性を持つグループ編成は、今までに出逢ったことがない多面的な考え方や見方に触れる機会となり、魅力ある成果を生み出しやすいことが知られています。編成にあたっては、所属機関、分野や職種、出身地や国籍、世代、男女比、学修や就労経験なども考慮します。同質性のある編成は、早い段階で互いに打ち解け合って親和性を獲得する反面、独創的かつ奇抜なアイデアが興りにくかったという経験によるものです。

また、教育や研修のプログラムでは、複数の課題解決をそれぞれプロジェクトとして実施できるので、各課題ごとに編成を変えることもします。協働に慣れていない初心者は当初、成果の良し悪しを、編成方法や参加者間の相性に関連づける傾向が見られます。しかし、次第に、成果は自らの参画意識や他者との意見交換による意思疎通や合意形成の質の結果であるという認識に変わっていきます。こうした意識の変化こそが、異なる価値観への寛容さと自律する姿勢や態度につながります。

■方針2　日常的思考のマインドセットをリセットできる場を設定する！

学ぶ環境が同一であると、考え方や見方、着想や発想も従来の延長上になりがちです。日常的思考をいったんリセットさせるため、初対面者でも発話しやすい場や雰囲気を醸し出す必要があります。気分を切り換えるためには環境の選択、機具の配置や色の工夫、時には環境音楽も流します。コミュニケーションの量は、人数や発言に比例すると思われがちですが、協働体の最良の人数は設定する課題に依存する傾向があります。したがって、使用する機器や機材の数で制限される場合や、課外時間でも協働する必要がある場合を除いて通常、製作を伴う課題では４人前後を最小単位にして、意思決定や機動力を高めるようにします。多様な解が伴う課題であっても８人前後を上限にしています。

協働によって協創のプロセスを体感する具体的な環境設備の例です（図３-４）。多様なコミュニケーションの形態に対応できるよう、協働する人数に応じてテーブル配置を４人向けの達磨型（２対２の対話）、６人向けの団子型（３対３の対話）や三葉型（１対５の対話）、８人向けの四葉型（１対７の対話）などへ柔軟に変更できます。この部屋には教壇という概念がないため、講師は歩きながら語ることになります。模造紙サイズのホワイト・ボードや各ＰＣ画面を無線で投影するモニターはすべて稼働式です。その他に、役割を座った椅子の色で担う、投影画面に書き込みができるなど、協働する上でさまざまな工夫や仕組を具備しており、思考力を鍛え、想像力を働かせるための「考想する」空間を提供しています。同じような学修環境として多用途利用のラーニング・コモンズがありますが、エース・ラボＳは、ワークショップ専用の施設として整備されたもので、次世代の教育開発を行なうために不可欠な実験場になっています。（註３-３-１）

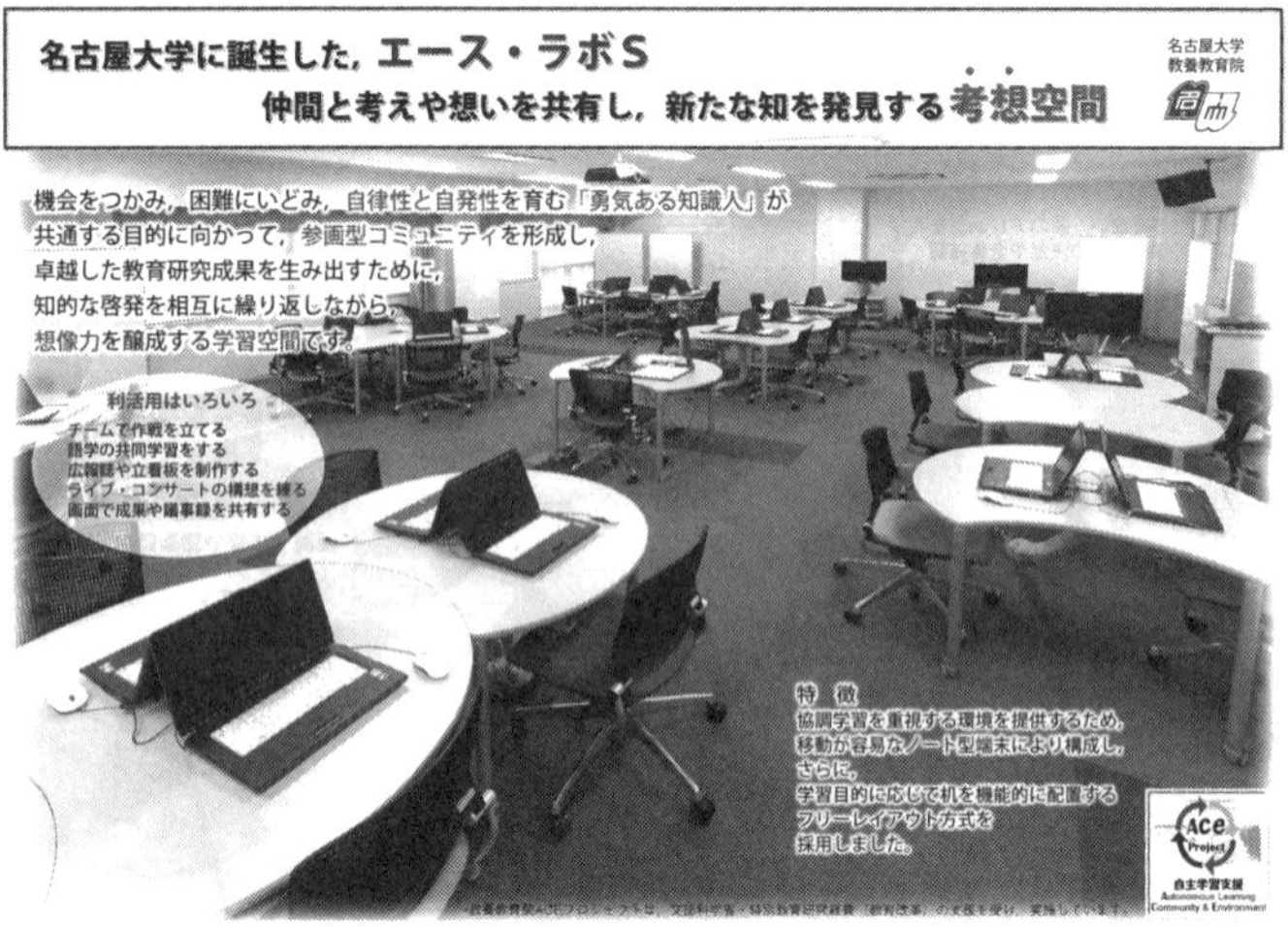

図3-4「考想する」場を育む学修環境
（名古屋大学 教養教育院ACE Lab.S）

■方針3　協働する目的と約束を確認する、迷走したら原点に戻り振り返る！

前述の方針1や方針2が外的・物理的な仕組であるのと異なり、方針3は内的・人間的な仕掛です。自由闊達に提案や意見が飛び交う場では、白熱した議論が逆に視野を狭めて、脱線や暴走も起こりやすくなります。迷走が起こったときはいったん立ち止まって、目的は何か、手段は何か、原点を再確認します。そのための方針です。

自由闊達に協働する場は放任放牧とは異なり、共通の約束が前提になります。例えば、敬称はさんにする、ニックネームで呼び合う、ジャンケンで事を決めない、意見が割れたときは年少者の意見を優先する、安易な妥協案よりも独創的な提案を皆で育み大切にするなどの約束を設けています。こうした約束を決めても、創作活動の場では正解がないために迷走が起こるので、道案内役や触媒役であるファシリテーター（Facilitator）が不可欠になります。ファシリテーターは、現在、どういう場面であるか、いつ、どんな助言や示唆をすれば閉塞状態を回避できるのかについて、客観的視座から導くメンター役に近い役割を担います。

留意点は、追求する目的と達成する目標とを明確化することです。目的と目標を混同すると、参加者をミステリー・ツアーに巻き込みやすく、とくに成果を目標に置くと遣《や》らされ感を生み、参加者が意欲を失うこともしばしば起こります。そのため、何のために、誰のためにという、目的を振り返る自己観照（Self-Assessment）は、思い込みによる猪突猛進を回避し、冷静かつ客観的に現状を再認識できる機会になります。

■方針4　個で考想する、協働で協創する、自己観照する時間をそれぞれ確保する！

広範かつ長期的な視点から構想する場合、協働する量的時間を重視しがちですが、アイデアや概念を創出するのは個です。個で考想する時間、皆で協働する時間、内省する自己観照の時間それぞれを適切にマネジメントする必要があります。もし、個の時間が十分になく概念が不明確な状態のままで、協働によって課題解決を始めると、思いつきや思い込み、俯瞰性を欠く部分最適解に陥りやすく、思慮不足による予期せぬ事態や危険性を生むからです。

また、複数の課題解決を設定することができるプログラム・マネジメントが可能な場合、あるプロジェクトが上手くできなくても、別のプロジェクトで挽回や挑戦できる機会を与えることができるため、公正な学修環境を確保でき、気づく・気づける機会や場が増します。とくに、異質性を積極的に導入すると、しばしば所定の成果に至らず達成感の喪失を招く事態も発生します。その結果、同質性を肯定し、異質性・多様性を否定する傾向も生まれがちです。個別課題ごとの成否でなく、プログラムとして成否を問う考え方が資質・能力の醸成では大切になります。詳細は次章（図４–５）で触れます。

COLUMN 3

「協創」と「人財」

本書では、複数のメンバーが集まって創造的なワークをすることを共創でなく協創と表現しています。「共創（Co-Creation）」は2者が互いに協力して共通する価値を創る互恵関係を築くことを意味し、「協創（Collaborative Innovation）」は異なる価値観をもつ複数の専門職が、協働しながら、新たな社会価値を創造することでイノベーションを興すことを意味します。

「協働しながら」という言葉には、立場やモノの考え方は異なるかもしれないけれど、１つの目標・目的を達成・実現するために力を合わせる、というニュアンスがあります。コラボレーションをするということです。イノベーションを発動させるには、コラボレーションを行なうことがとても重要な要素であると考えています。「手つなぎゴール」ではなく、切磋琢磨して目標を目指す。そういう意味を込めて、「協創」という言葉を使うことにしました。

辞書を引くと、「人材」という言葉の「材」の意味は、「才能」を表わしています。人材とは才能のある人のことです。基本的にはそれで良いのかもしれませんが、本書では、その言葉をさらに深く進めて、３つの思考スタイルである、作業進捗を優先するオペレーション思考、課題解決を重視するソリューション思考、そして新たな価値創造を生み出すイノベーション思考の能力を持った人（または持つべき人）を、価値を創る「人財」という言葉で表わしたいと考えて使用しています。

第4章　イノベイティブ思考を育むケース・スタディ

――「考想する」協創のプロセスをどう醸成するか

1　協創のプロセスをマネジメントするファシリテーション

本項では、アクティブ・ラーニングやワークショップにおけるファシリテーションの重要性と、実施するタイミングと注意すべきポイントについて説明します。このポイントがしっかりと押さえられていないと、ワークショップは、成果の見えない、なんとなく何かやり遂げたという「曖昧な達成感」だけが残る結果や、議論は白熱したけれど何もまとまらなかったという成果なき結果に陥ることになりかねません。

■協創の醸成とファシリテーション

学力の三要素である「知識・技能」「思考力・判断力・表現力」「主体性・多様性・協働性」のうち、後半の資質・能力をどう培い、養うのか、醸成する効果的かつ効率的な手立てが何なのかが注目されています。

代表的手法がアクティブ・ラーニングと呼ばれる主体的・能動的学習であり、解説書や成功や失敗の事例集も発刊されています（溝上、２００７。中部地域大学グループ、２０１４・２０１５）。しかしながら、正解が唯一でなく、解が複数ある場合の導き方や手解きに触れている人は必ずしも多くはありません。そのため、参加者任せのアクティブ・ラーニングやワークショップは「ごっこ」に陥りやすく、停滞や迷走を起こしたり、楽しかったや面白かったという、お祭りに似た満足感で終わることもしばしばです。

協創を適切な方向へ導き、場を活性化するファシリテーターは、どんな場面で、どういう形で、どのような助言や示唆をすれば良いのでしょうか。事前に想定された正解に沿って導く伝統的な先導型のマネジメントに対して、正解が唯一でなく、特定の方向づけをしない創発的・協創的な支援型のマネジメントはどんなものなのでしょうか。参加者をミステリー・ツアーに巻き込まないためにもファシリテーターの役割は重要ですが、司会や調整役と誤認すると単なる進行役に変容してしまいます。

■効果的なファシリテーションを行なうタイミング

・どんな場面に？

まず、アイデアが停滞し、口数が少なく笑顔が消えている場面で支援に入ります。次に、それとは逆にアイデアが発散し、方向性を見失い、収拾がつかない場面でもファシリテーションを行ないます。先が見通せなく「気まずさ」に似た行き詰まり感があれば、それが支援に入る目安になります。ただし、同じような場面は、プロトタイプを試作するような分業やアイデア出しのブレインストーミングでも起こるため、進行過程から観てどの段階なのかを確かめる必要があります。

・どういう形で？

ファシリテーターが協働者と共に伴走や並走している場合は、コミュニケーションの流れが途切れたときなど、自然な流れに沿った支援が効果的です。しかし、複数のグループを対象にする場合では容易ではありません。幸いにして、迷走や暴走は唐突に生じるのでなく、徐々に進行するのが一般的です。そのため、定期的な巡回を通して支援や参入する適切な時期を目算することができます。

複数のグループの場合は参加者からの何気なく支援を請う眼差しも目印になります。見過ごしやすい予兆ですが、巡回時に「順調に進んでいる？」「困っていることはある？」「あれからどうなった？」という何気ない問いかけや声かけが、自然な形での軌道修正の雰囲気を作り、危機的状態の未然防止になります。

・どのような助言や示唆を？

最も難しい問いです。結果や成果が評価される場合は、助言や示唆が成果物に直結しないか、公正性を欠かないか、独創的なアイデア創出に影響を与えないか、を考慮する必要があり、戸惑うためです。とくに、次の三つの観点を大切にしています。

第一に、ファシリテーションは触媒役なので、研修や授業では迷路に陥らないよう、所定の時間内にアイデアを収束させ、成果物を形作れるような進行や支援を最優先します。本来は成功よりも失敗から学ぶ方が心に刻まれますが、単発で初心者向けに実施するときは成功の疑似体験を得ることが第一義になります。なぜなら、到達点に至らないと達成感を失い、協働する意欲を損なうからです。

第二に、研修や授業が掲げる目的（成果物などの成否という目標でなく、目標達成に至るまでの考え方や見方、姿勢や態度など）に照らして、思考プロセスの点検、新たな視点の付与、振り返りの促進など、意識の変えるような助言や示唆を行ないます。とりわけ、文科系や理科系の混在を前提にしたグループ編成では、議論の基盤となる価値観や文化もそれぞれ異なります。協働する共通目的に照らして、参加者の気づきを促し、思考を深掘させる、勇気や笑顔が生まれるような背中を押す支援が求められます。

第三に、本当に適切なコメントになっているのか、参加者の豊かな発想を阻害していないかを常に問い続けながら支援します。助言や示唆の内容に関する適否は、残念ながら事後の活動変化による検証に委ねるしかありません。しかしながら、ワークショップ終了後、参加者から「ファシリテーターに声をかけてもらったときが岐路だった」「今から考えてみると的確な助言や示唆をもらった」という懐述を耳にすると、参加者とファシリテーターが互いに響き、通じ合ったことが推測されます。参加者の記憶や心に残る、共感や感動を生むファシリテーションに心がけたいものです。

2　協創のプロセスをアセスメントするセンシング

協創のプロセスを構成する各アクティビティを的確かつ客観的に把握できるような有効手段はありません。ここでは、協働する場の状態方程式の考え方をもとに、動的計測を試みた事例を紹介します。対象にしたワークショップは、異なる専門分野や異なる経歴（留学生、社会人など）から編成されたグループが、イノベイティブ思考の発現を疑似体験し、思考力と想像力の醸成と同時に、意識を変えることを目的としています。目標は「所定の時間内に、独創性かつ新規性がある、実装可能な製品や仕組を構想し、模型や図表を使って価値を他者が理解できる形で発表する」ことです。

■ケース・スタディの概要

対象にしたワークショップの概要は、次の通りです。

・**課題**　「従来にない、画期的な製品やサービスを開発する」

・**参加者**　学部生、大学院生（留学生、社会人を含む）、社会人（卒業および修了生）から4～5名を単位にした協働体を編成します。

・**設備など**　テーブル・レイアウトは三葉形を基本形とし、変更可能とします。移動が可能な屏風型の模造紙版ホワイト・ボード（以下WBと略す）が用意されています。

・**計測法**　テーブルの中央には、360度の映像と音声を同時記録可能なミーティング・レコーダを設置します（**図4-1**）。協創のプロセスにおける発話解析（清水、2018）を行なうため、発話の回数、時間および内容、笑いの数、参加者の位置と状態、アイデア出現数、ファシリテーターの助言や示唆、机やWBを含む主な使用ツールなどの協創のプロセスに関するデータ（Key Performance Indicators：KPIs）を計測・収集します（**図4-2**）。

・**評価法**　独創性・新規性と実現可能性の二つの基準（Key Goal Indicators：KGIs）に照

らして、成果物を四段階でアセスメントします。

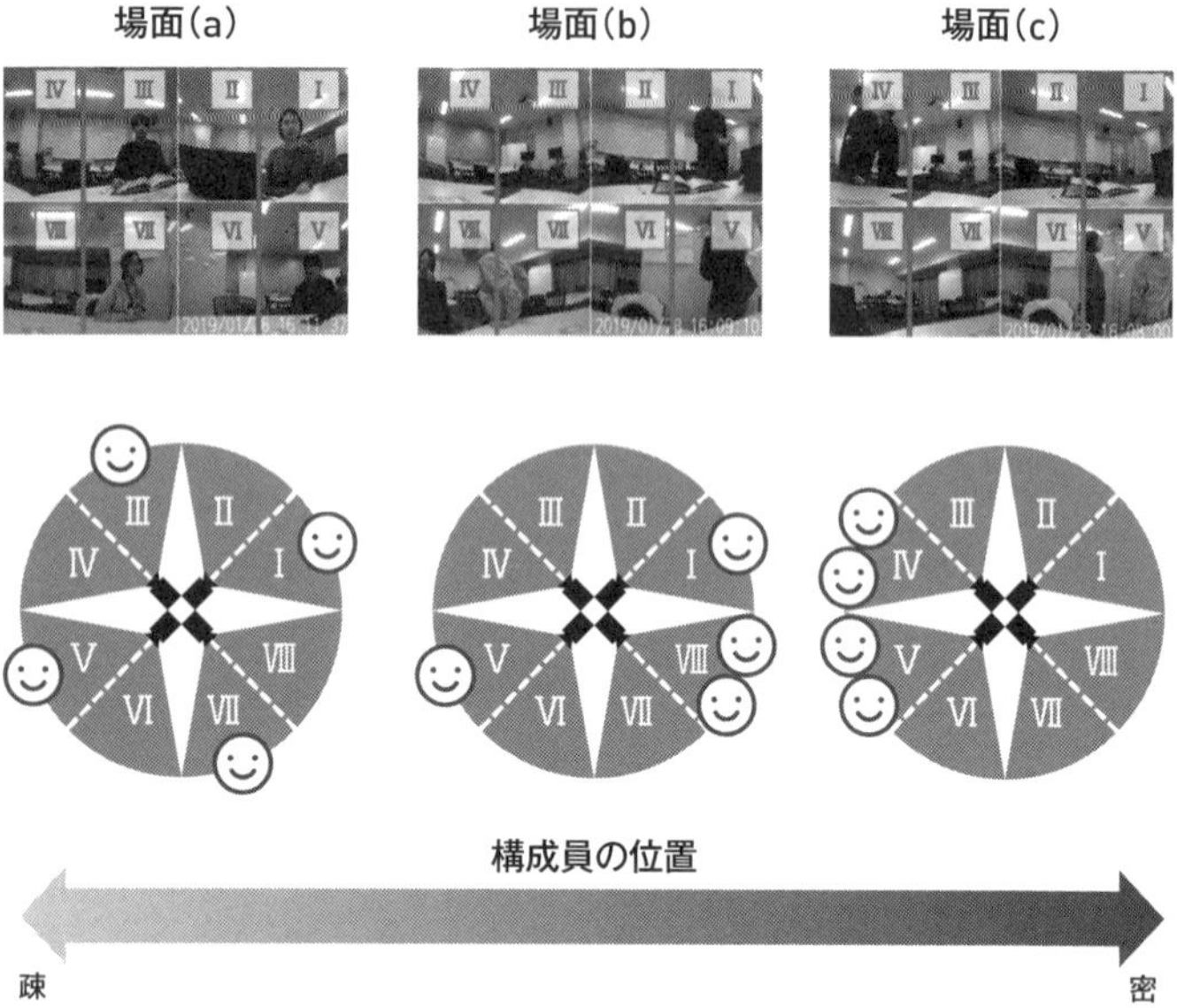

図4-1 ミーティング・レコーダによる状態計測

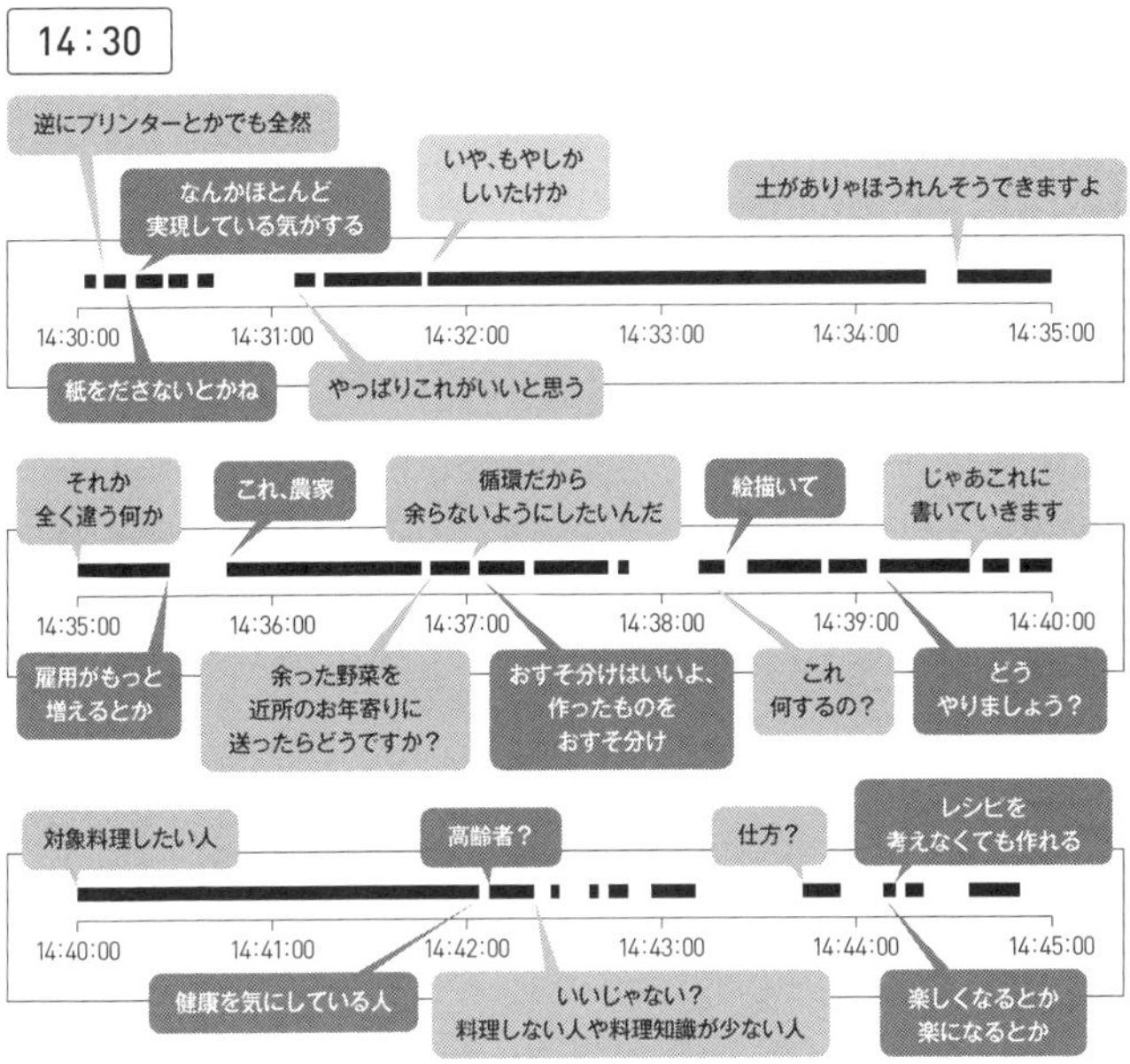

(a) 発話内容の流れ

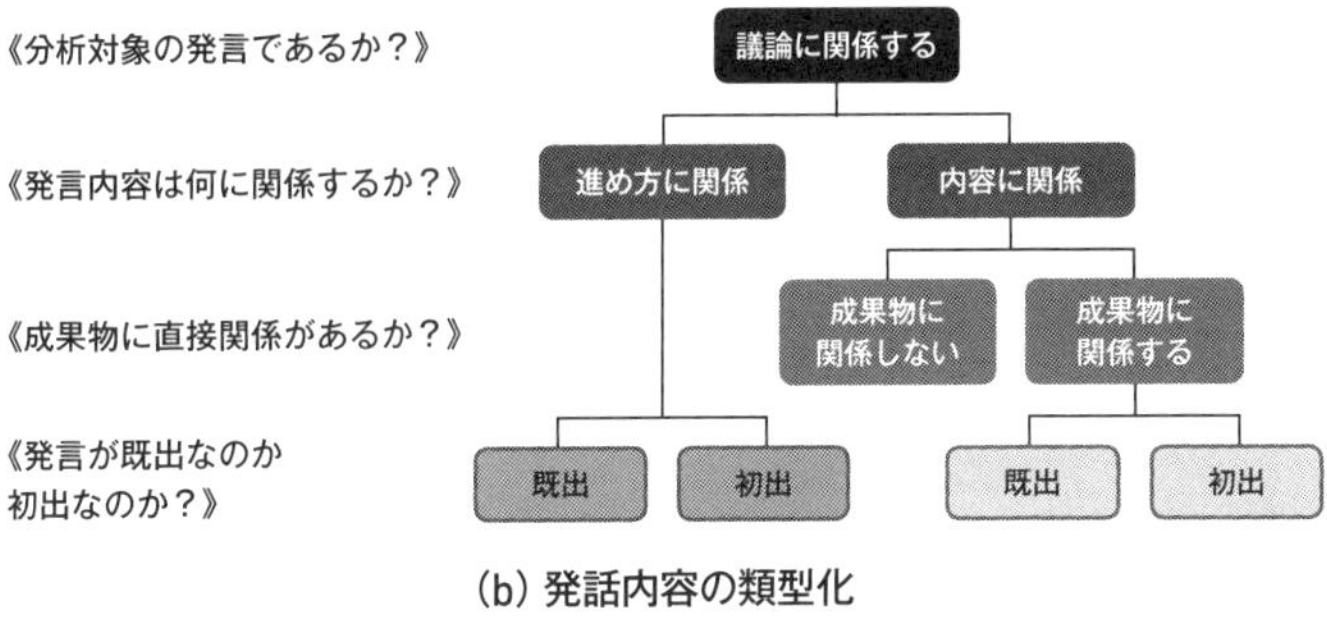

(b) 発話内容の類型化

図4-2 発話コミュニケーションの解析

■メタ指標によるファシリテーションの効用

ワークショップにおける、参加者の行動と発話の内容による結果は、図4-3の通りになりました。図4-3（a）の上段にアイデアの累積件数（以後、アイデア総数とします）、下段にメタ指標である「活発度」を示します。「活発度」の値は、意見が飛び交い、アイデアが創出されている状態を表わすもので、複数のKPI値のデータ解析から得られた主成分である「親密度」「活発度」「緊張度」の一つです。また、そのときのグループ内の人や機具の状態変化を模式的に表示すると図4-3（b）のようになりました。

アイデア総数は協働によって増加し、やがて飽和するS字曲線を描きます。この値が安定する前後に、企画構想の段階から模型や図表を用いた発表資料の製作の段階に移っていることがわかります。注目点はアイデア総数が増加を始める点とこれが安定する点の2箇所の時刻です。グループAは概ね理想形で、グループBは相対的に約一時間以上遅れていることがわかります。

グループAの「活発度」は、開始から順調に立ち上がり、15時頃に休憩をとり、試作物の製作のための分担作業に移行したため、いったん低くなります。しかしながら、発表に向けて再度、活発に意見交換が行なわれた姿が可視化されています。

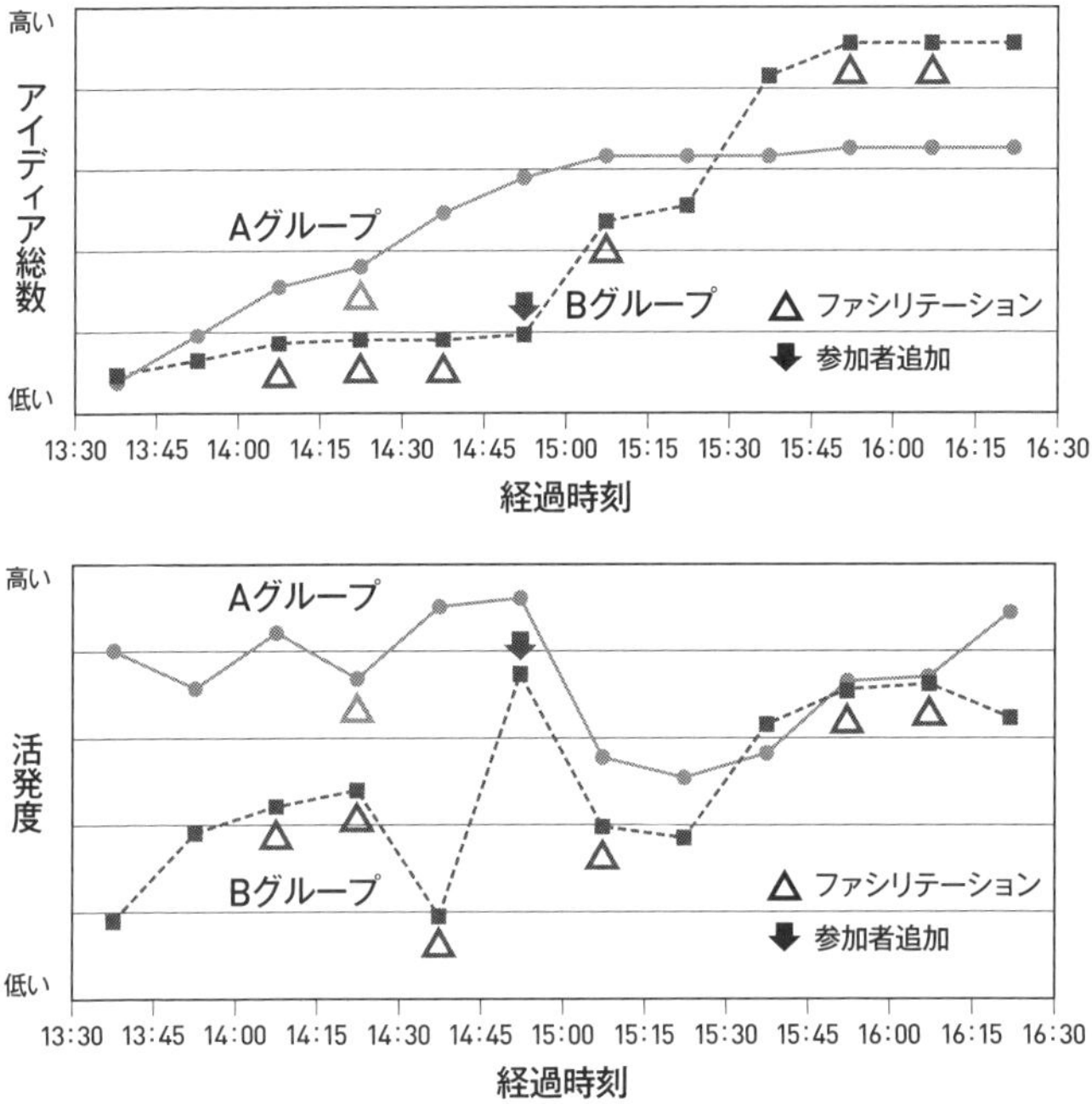

(a) アイデア総数と「活性度」

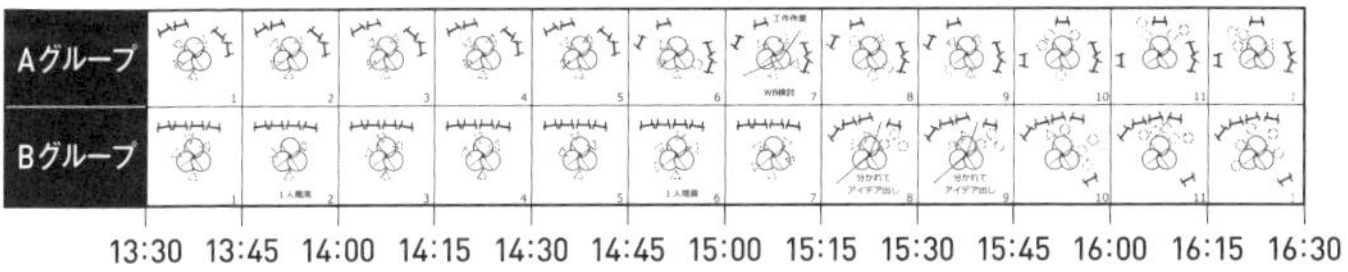

(b) 人と機具の配置（○:立位、△:座位）

図4-3 活動の状態推移

グループBの「活発度」は、開始時に笑顔が多く雰囲気は良好でしたが、アイデア総数が停滞していることがわかります。ファシリテーターの支援によって一時的には「活発度」が高くなりますが、協創状態には至っていませんでした。打開策として、時刻14：30～14：45の間にコミュニケーション力を有する新規参加者を加えました。このことで、アイデア総数が上昇し、とくに最終段階ではアイデア総数、「活発度」ともに高くなっています。「活発度」が高まった理由を、話者間の対話数を線幅で可視化する参加者間の発話コミュニケーション図（林、2019）を用いて考察すると、グループAはファシリテーション後に、2者中心から3者によるコミュニケーションへ、グループBは新たな参加者によってハブ型のコミュニケーションに変化したことがわかりました（図4-4）。

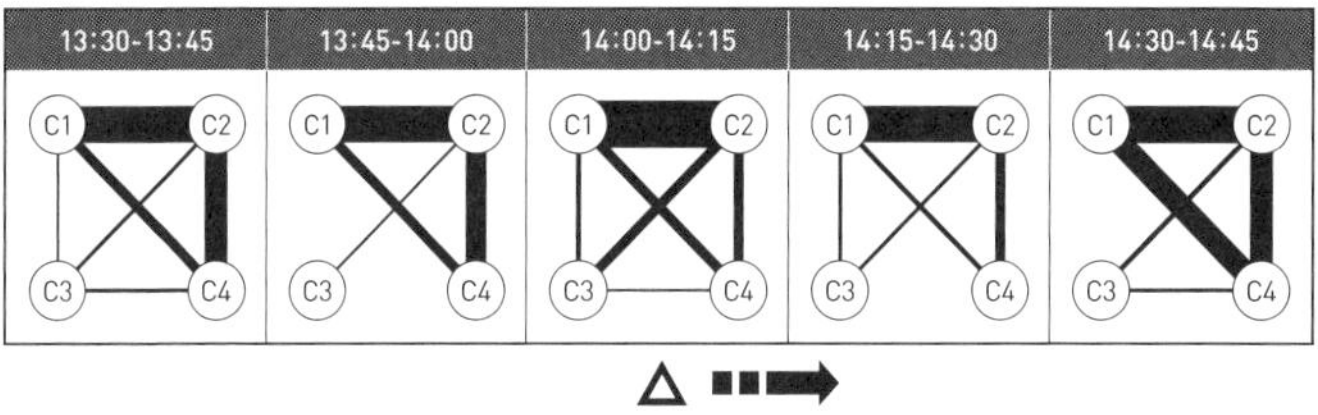

(a)ファシリテーションによる影響(グループA)

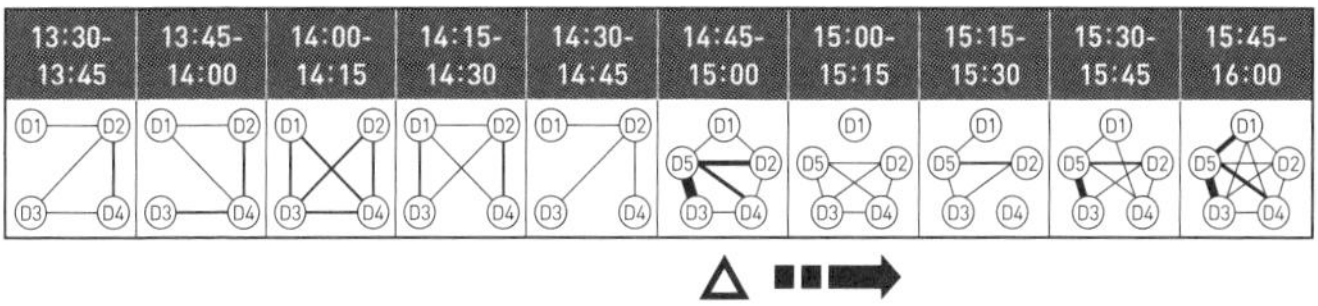

(b)新たな参加者による影響(グループB)

図4-4 発話コミュニケーションの形態変化

こうした解析手法によって、どんな協働の形態をとりながら、イノベーションを発動する協創のプロセスをたどったのかをモデリングすることができます。例えば、個の概念形成ループと協働の思考促進ループの二つのモデルと図（図4-2）と解析データ（図4-4）を重ね合わせることで、協創のプロセスの仕組や仕掛、協働のあり方、新たな計測手法の開発も可能になると考えられます。もし、学修成果につながる事例とそうでない事例をAI分析によって深層学習できれば、協創を促進するグループやチームの編成、協働する場のアクティビティ診断、外部支援を必要とする的確な予兆診断も可能になるかもしれません。

3　多様性を活かす協働のプログラム・マネジメントとアセスメント

蓄積してきたワークショップのデータ解析から、イノベーションの源となる〈閃き〉の創生は、他者からの多角的・多面的な観点が加わる外在的な思考促進ループによって生じやすく、豊かで質の高い協働による協創や個の考想による創発によって興ることがわかりました。また、新たな知の創生は、協働する関係者に感動をもたらし、個人の成長を実感する機会になることもわかりました。その一方で、異分野、異業種、異部門を単に寄せ集めただけでは、創発も価値創造も醸成されず、形式的なワークショップに陥ることも少なくありません。その要因は、ワークショップに参加する動機づけのほかに、前提とする価値観や文化の違いであることもわかりました。現在はワークショップの開始前に、ワークショップを開設する目的や趣旨を確認すると同時に、問いかけ（Research Question）による簡単な思考演習などを行ないます。「あなたと私」から「私たち」という意識や認識を共有できる土壌を作った後に、ワークショップを行なっています。問いかけは次のようなものです。

- **問いかけ1**　目的（Goals）と目標（Objectives）との違いは何ですか？
- **問いかけ2**　結果（Outputs）と成果（Outcomes）との違いは何ですか？
- **問いかけ3**　目的、目標、活動、結果、成果はどんな関係にありますか？

この解をU字型アセスメントモデル（栗本、2016）で表現しました**（図4-5）**。

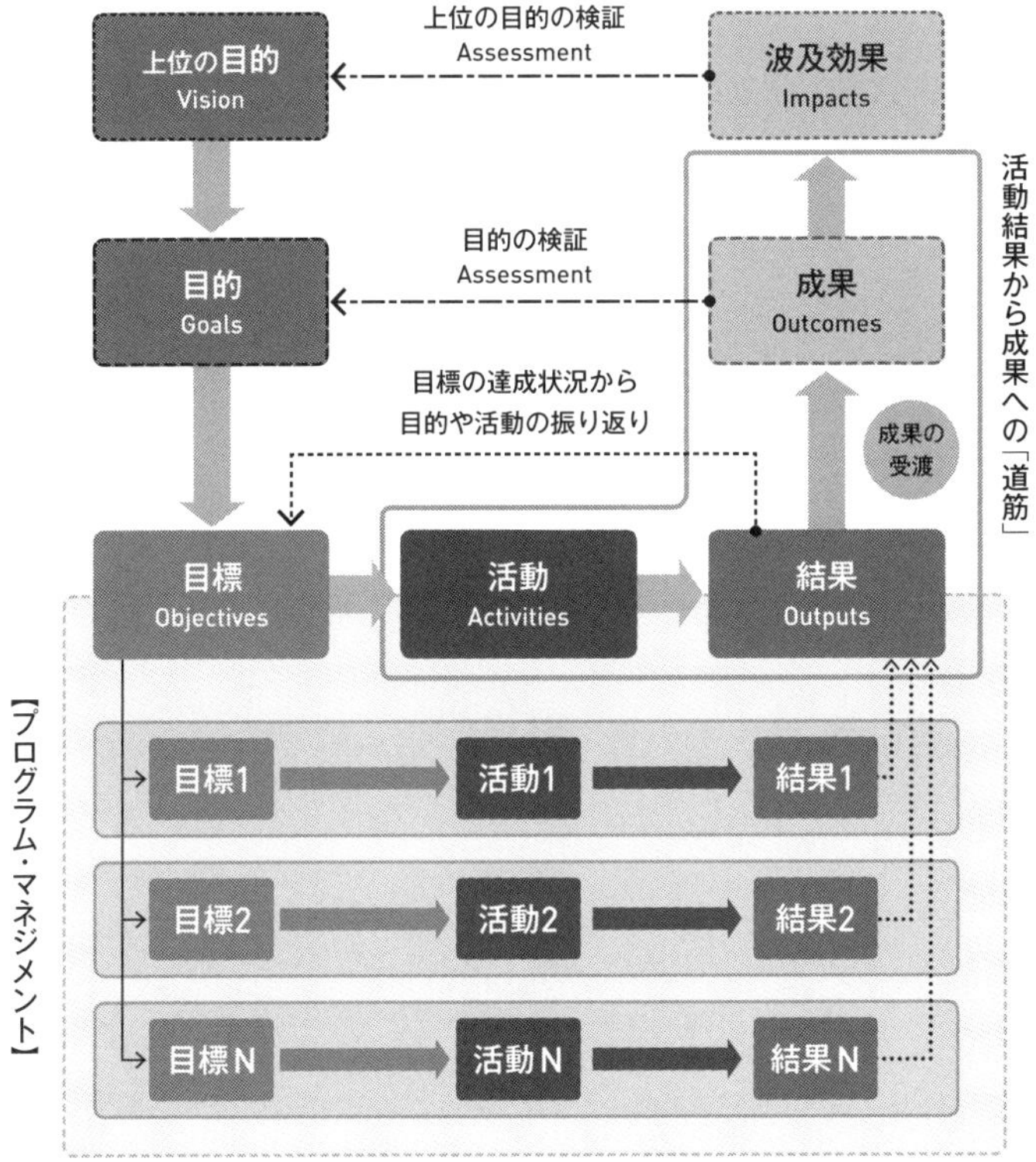

図4-5 U字型アセスメントの構造と「道筋」

「目的と成果」「目標と結果」のように二語を対として捉え、両者が入れ子型の関係構造であることを直観的に理解します。「目標と結果」については、事業は一般に複数のプロジェクトやプログラムからなり、それぞれの活動結果の集合体から成果への橋渡し、社会への波及効果につながってゆく道筋（Scenario/Story）の考え方を理解します。これによって協働する意味や意義を理解し、参画する意識や意欲の昂揚が図られます。

このU字型アセスメントの構造は、ロジック・モデルを使った成果のバックキャスト（Back cast）による計画策定と、変化や外乱のフォアキャスト（Forecast）による行動修正と密接に関係しており、目標と手段を明確にする思考プロセスの考え方とも親和性がありす。また、社会的責任を重視したマネジメントの研修などで用いられている、ピーター・ドラッカー（Peter F. Drucker）の五つの質問は、就労経験のない学生でも理解できるよう、「われわれ」を「大学」や「研究室」に、「顧客」を「想定する関係者」に置き換えています。これらは、未来に何かを起こすには勇気、努力、信念を必要だということや、その場しのぎの仕事に身を任せていたのでは未来は作れない、という意識を変えるための問いかけと考えられたからです。

・**第一の質問**「われわれの使命は何か」
何のための学業、教育研究、仕事なのか、目的を問い正します。
・**第二の質問**「われわれの顧客は誰か」
誰を想定する関係者と定義すべきか、誰を相手にする取組なのかを明らかにします。
・**第三の質問**「顧客にとっての価値は何か」
何をなすべきか、その優先順位を明確にします。
・**第四の質問**「われわれの成果は何か」
想定する関係者に橋渡す成果を意識し、目的を共有します。
・**第五の質問**「われわれの計画は何か」
持続的成長の実現に向けた、計画の実効性と機能性に注意を向けます。

こうした原点に立ち戻って、協働によって期待される成果は何でしょうか。答えは各分野や各部門が協働・協調するシナジー効果によって、単独では成しえない価値の創生を実現できることだと思われます。個々それぞれがもつ特徴や特色を活かすためには、まず前提となる共通の目的が必要になります。例えば、誰にどんな価値を提供するのか、そのためにどんな成果を出す必要があるのかという価値観の共有です。理念の共有がなされたときに必ず現れる言葉遣いがあります。それは「私たちは……」「私たちの……」です。そして、協働による結果が、受け手であると想定する関係者や社会に受け渡されたときに成果が生まれます。

本章では、大学院生向け体験型講義のワークショップで実践している、多様性を活かした協働する場の動的計測とファシリテーションの効果を紹介しました。これらは手段であって授業本来の目的ではありません。目指すものは、思考力と想像力に富んだ教養ある人です。思考力は従来の教育課程で育成できますが、想像力は方法そのものを開発する必要があり、いまだ途上です。人は斬新で、独創的な着想が浮かんだ瞬間やワクワク感やドキドキ感を体感したときに目が輝きます。ファシリテーターを含めて、参加者の間に共感が生まれたときに、意識が変わり、感動が興ります。このような協働による新たな価値創造が研究大学におけるリベラル・アーツ教育の目的と考え、追求しています。

EPILOGUE

6日間の日程をすべて無事に終えた。フリーの朝食バイキングで軽く食事をとって、メイプル・トゥリー・インをチェックアウトする。ちょうど今頃の時間は、姪っ子夫婦が朝の交通渋滞に悩まされながら、いつものようにフリスコ地区の仕事場に向かってそれぞれの車を走らせているに違いない。

駐車場へ行き、トランクの中に研究資料《おみやげ》でいっぱいになったキャリアバッグを放り込んで、ヴァイパーを解除してエンジン・スタートさせた。これでまたしばらくは、心地好い西カリフォルニアの気候とは縁遠くなるだろう。個人的には、すぐにでもまた訪れたい気持ちがやまやまなのだが、溜まっている仕事がそれを許さない。ハイウェイに乗り、ここ数日間を共にした〝盟友《カマロ》〟を小気味良く走らせながら、空港までのつかの間の時間、考えに耽った。

イノベーションは、停滞した経済活動に変革をもたらし、新しい需要を作り出す重要な起爆剤だ。でもそれは、常に勝者と敗者を明確に振り分ける「魔法の杖」でもある。欧米諸国は、それで良いのかもしれない。敵対勢力を征服し滅ぼすことによって繁栄していった国勢の歴史を振り返れば、当然なことなのだろう。日本の場合はどうか。群雄割拠の時代、徳川家康によって天下統一が成されたときに、敵対した諸国の臣民までは滅ぼされなかった。むしろ260年以上の長きに渡って、共に栄えたのではないか。

日本は、天然資源の乏しい島国だ。お互いに潰し合っていたら、一時的には勝者になりえたとしても、徐々に衰退し、いずれは滅びてしまう運命が待っている。われわれは、東の海のなかで独自の文化に根ざした、新しい価値創造の方法論を醸成獲得する必要があるのではないか。それは欧米型「イノベーション」のような、既存の何かを打ち壊して、その廃虚の上に築くようなものと、決して同じものではないはずだ。きっとそれは、いわば「創生革新（Genesis Reformation）」といえるようなものを考えなければいけないのだろう。

ハイウェイの両脇には、無限に続くかと思わせる大地が広がっていた。この国は、本当に豊かで恵まれた資質に満ちていると、しみじみと思う。

サンノゼ空港のターミナルビルが、彼方に見えてきた。

さあ、日本に帰ろう。

謝辞に代えて

本書を執筆するにあたって多くの方のご協力をいただきました。

とくに、共同執筆いただいた国立大学法人名古屋大学の栗本英和教授には、多くの教示と協力をいただき、感謝の念に堪えません。また、二人の絆を紡ぎ、結という未来を導いた清水美希さんにお礼の意を表します。

人と人の関係は、グラノヴェッターのいうところの「弱いつながり」が、時として結晶し「強いつながり」に変化し、「絆」と呼べる関係を創り出すことがあるのではないか、と思います。そしてそれが「共生型」のイノベーションを発動させるコミュニケーション関係を創り上げるのではないかと考えています。その思いを込めて、それを実現するための「場」を「ネクサス（絆）・コモンズ」と名づけています。本書は、その「ネクサス（絆）」を多くの方と築いていく過程で、生まれえたものだと確信し、ここに筆を擱きたいと思います。

ありがとうございました。

株式会社オカムラ
フューチャーワークスタイル戦略部
はたらくの未来研究所

前田明洋

付録A　名古屋大学エース・ラボS　イノベーション発動型実習の事例

ここでは、名古屋大学教養教育院エース・ラボS教室で行なわれている実習のコンセプト（開設趣旨）と内容を紹介します。一般に行なわれているようなワークショップを基本としつつも、独自なルールやマインド・セットづくりを加味して、学修成果をイノベーションの発動に特化した構成になっています。

■実習の基本構成と背景

イノベーション発動を目的とした実習は、三つの段階から組み立てられています。2012年の実施当初は、ファシリテーターが課題を説明した後、参加者にはいきなり本実習の課題に取り組んでもらいました。ところが、実際に実習を行なってみると、グループごとの学修成果の格差、つまり出来不出来の差が大きく出てしまいました。その原因は、参加者それぞれが、「イノベーション」という現象を異なって認識していたこと、また正解が唯一でないワークに不慣れであったことでした。

その対策として、イノベーションの発想方法を事例を交えて説明し、簡単なクイズ形式の設問を数回行なうことにしました（発想練習）。さらにその後、説明の趣旨が参加者に伝わっているかどうかを確認するために、発想方法の異なる二つの準備演習を実施しました。

その結果、本実習では、すべてのグループで所定の水準以上の学修成果が得られるようになりました。

●発想練習

発想練習は、日常的・常識的に働いているソリューション（課題解決）的な思考スタイルを一度壊して、イノベーション発動に適した発案や思考を構築する第一段階です。そのために「怪獣を赤く塗る」発想練習をします。講義形式の座学ですが、進行手順は「解説し、実演し、実習する」順番で進めます。

ここでのポイントは、二つあります。イノベーション発動のための発想である「価値の転換」と「環境の転換」の仕組を理解すること、イノベーションとソリューションがまったく異なる思考プロセスであることを学びます。

ここで行なう設問は、正解を問うことが目的ではありません。それは、自分たちがいかに日常的・常識的な発想に束縛されているかを自認することにあります。無意識になっている先入観を払拭し、気づきを得ることがこの第一段階の役割です。

●準備演習

準備演習は、比較的解決しやすい複数のテーマを設定して、本実習に先駆けて行なう第二段階です。準備演習には、二つの目的があります。一つめは、本実習に入る前に、チームのメンバー同士で議論することや役割分担に不具合がないか確かめ合うことです。いわばチーム活動を行なうリハーサルとしての役割です。二つめは、本実習の前に、講師とTA（ティーチング・アシスタント、指導支援役）が、各チームのメンバーがそれぞれどのくらい斬新な発想ができているか把握することです。

実習の参加者は、多様な専門分野の学生（留学生や社会人を含む）が集まり、個性もさまざまです。当然ながら、発想練習で学んだ発想方法の習得度にもばらつきが出てきます。イノベイティブ的な発想が得意な人もいれば、ソリューション的な課題解決式の発想が得意な人も存在します。講師とTAは、そのようなグループ間のメンバー構成によって生じるばらつきを把握して、本実習時に行なう全体のファシリテーションに必要な方針を共有します。

●本実習

本実習は、第一段階の発想練習と第二段階の準備演習を経てイノベーションを発動する思考プロセスを実習します。

■実習の課題例

ここで、実習の課題例を紹介します。

【テーマ】

製品開発部門員となって、「今までにない商品・サービス」を発案し、ヒット商品になるようなビジネス・モデルを提案してください。

【ヒント】

「既存の商品・サービス」をもとにして、それが持つ本来の価値を転換させる（本質を変える）ようなアイデアを付加し、ユーザーのニーズを喚起させる仕組（新しい市場）を考えます。

【成果物の作成】

以下の3項目を作成してください。

①商品・サービスの概要と考え方を説明するコンセプト・シート

（配布されたフォーマットに記入しても良い）

②商品を説明するイメージ図・簡易模型

③発案した商品・サービスのストーリー・ボード↓A3画用紙3〜5枚程度

★注力するポイント

・「言葉・文字」ではなくできるだけ図や絵で表現する。

・予想される商品が社会に及ぼす影響について考える。

・商品・サービスの恩恵を受ける者（ステイク・ホルダー）を明確にする。

【考察の要点】

①「商品・サービス」が持つ物理的価値の延長にあるものではなく、まったく別の機能に変えてしまうアイデアを考える。例えば、「そんな、ばかな……」というような発想。

通常その商品・サービスを利用しないような新しい顧客を獲得する方策を考える。

②商品・サービスが市場に投入されたとき、社会にどのような影響が生じるか、それが社会に浸透することによって、既存産業に及ぼす影響を考える。

③目的を達成するには、どのような環境的要件（社会インフラ）が必要かを想像する。

【制約の条件】

①原理が不明な技術や架空の技術（タイムマシンなどの架空の技術や永久機関などの理論的に実現不可能な技術）を用いた商品・サービスは提案不可とする。

②現在一般的に実用化されていないが、実現が証明されている技術（大気圏外飛行（旅行）・リニアモーターカーなど）は使用可能とする。

■実習の進め方

ここでは、実習を行なうための要領や手順を説明します。とくに重要と思われる事柄を中心に抜き出しています。

重要な要領項目は次の五つです。

①チーム・ビルディング（異質性を活かす協働体の形成）
②コミュニケーション・ツール（意思疎通の道具立て）
③ファシリテーション（指示でなく、触媒的な機能を果たす支援）
④プレゼンテーション（伝わるように伝える方法）
⑤アセスメント（評定でなく、意思決定に資する査定）

①チーム・ビルディング

実習を始めるにあたり、実習グループを構成するチームメンバーの選定は、その成否に影響を与えるので、実習の目的に照らして構成します。とくに、次の項目について留意する必要があります。

●チームの構成人数

チームの最適な構成人数は、チームリーダーを含めて5〜7名です。メンバー全員での活発なアイデア出しや、議論が自然に誘発しやすい人数は3〜4名程度が良いが、反面、アイデアの多様性が乏しくなりやすく、成果物を製作するときには一人あたりの作業負荷が高くなります。全体の参加者が少ない場合など、1チームの人数が3名構成になる場合は、講師またはTAが、臨時のチームメンバーとして議論に参加してアイデアの幅を広げる支援を行ない、スケジュールを意識しながら、実習の道標に沿ってワークショップが進展するように促します。

また、一つのグループが6名を超える人数になると、議論やワークへの参加に消極的なメンバーが出てくることもありますが、そのような傍観者的メンバーに対して、徒《いたずら》に発言を強要しないように留意します。なぜなら、彼らは意図的に議論に非協力でいるのではなく、比較的多人数の中で発言するのが不得意なパーソナリティを持っていることが原因であることも多いからです。この場合は、チーム内をサブグループに分けてアイデア出しや議論を活発にさせることや、ペアワークを行なうことで改善できます。もし、サブグループで話し合う場合には、メンバー全員で共有する時間を設けると同時に、メンバー個々の役割分担を確認します。発言が極端に少ないメンバーに対しては、講師やTAが積極的かつ好意的に誘導します。

●チームの構成方法

チームのメンバー構成は、多様性のある構成が望ましいです。実習では、多様性の中でも獲得的多様性（Acquired Diversity）を重要視します。獲得的多様性を持ったメンバー構成は、お互いの異なる視点から物事を分析しやすく、画期的なアイデアが出現しやすいチームになります。反対に、類似の境遇や経験を持ったメンバーで構成すると、意見がまとまりやすくグループワークが円滑に進むこともありますが、意見の内容が偏りやすく、新しい意見や斬新な考え方が出がたくなる傾向があるため、できるだけ回避します。

メンバー構成に関わる必要な獲得的多様性の確保は、次の三つの観点を念頭に置きます。

・属性（専門領域や分野）の多様性（職種・職務・経験年数が異なる）

・国籍・人種・文化の多様性（成長した生活環境が異なる）

・性別や世代・年齢

●チーム内の役割分担

チームが結成されたら、実習が始まる前に次の役割担当を選定します。

・チームリーダー　チームの代表者、合意による責任者

・サブリーダー（チーム人数が7名以上の場合のみ）チームリーダーの補佐
・ファシリテーター（リーダー兼任可）実習の進行担当者
・スクリプター（進行記録係・複数可）議論の過程を記録する担当者

各役割の選任方法は、立候補を第一優先としますが、チームメンバーの数が少ないときは兼任します。

●リーダーシップの役割と基本的要件

チームリーダーの主な役割は、メンバー全員で有効な議論を進めるために的確なファシリテーションを行なうこと（ファシリテーターが別にいる場合は、ファシリテーターを支援する）、実習の成果物を創り上げることに責任を持つこと、実習の講師やTAとコミュニケーションをとりながら進行を牽引することです。また、議論を進める過程で、どうしてもチームとしての合意形成が難しいときに、最終判断ができる役割を担います。

通常、想像されるリーダー像は、自分の意見を主導しながらメンバーを牽引し、効率的にワーキングさせるという先入観があります。本実習において、ファシリテーションが担えるリーダーシップについては、付録Bで紹介します。

●アイスブレイキングについて

構成されたチームのメンバー同士が初対面ないし面識が薄い場合は、意見交換を活性化するためにお互いの意思疎通を図る必要があります。これをアイスブレイキングといいます。アイスブレイキングは、コミュニケーションが必要な簡単なクイズをしたり、自分の趣味やお気に入りの映画や小説の魅力を語り合うなど、開示可能な題材を用いて、お互いの人柄を知り、実習で行なう議論や協働作業を円滑に進めるきっかけを作ります。本実習では参加した動機や理由を話すことから始めます。一般に、アイスブレイキングにはさまざまな手法がありますが、得手不得手がはっきりわかること（踊る・歌う・絵を描くなど）や個人情報の無理な開示を強要することは避けます。意欲をなくすアイスブレイキングを行なうと、気まずい雰囲気を作るためです。

②コミュニケーション・ツール

実習で使用するツールは、議論を円滑に進め、メンバー間の認識を共有化し、その進行を記録する目的のために、必要に応じて選択します。

●アイデアや提案を記録するツール

・付箋

７㎝×７㎝角が最も使いやすいサイズです。付箋の色は、メンバーごとに変えたり、記入する内容によって変えたりして工夫すると、アイデアを分類する際にわかりやすくなります。重要なことは、想起したアイデアは、すぐに発案者が自分で明記し、記録しておくことです。せっかく良いアイデアが出ても、そのときの議論の流れで埋没したり、後で発言しようと頭の中に留めておこうと思っても、忘れてしまい損失するからです。付箋に記述する内容は、簡潔な単語または文で書き、可能であればビジュアル（イラストや図）で表現すると他のメンバーと共有しやすくなります。

・可動式ホワイトボード

ホワイトボードは、メンバー間で情報共有しながら議論を進めることができるツールです。盤面にペンなどで直接記述でき、付箋や画用紙などを貼ることができるものが良く、壁掛け式ではなく、自立する可動式が適しています。サイズは、ボード部分幅60㎝×高さ80㎝程度が使用する際には書きやすく、かつ保管しやすい大きさです。実習では屏風のように並べて利用する場合が多いようです。

・画用紙

画用紙は、多目的に使用します。プレゼンする際の説明ボートとして使用したり、ラピッドプロトタイピングのための素材として使用します。やや厚めで腰のあるケント紙でも良いです。サイズは、A3サイズが最も使いやすい大きさのようです。同時に、グリースペンシルと呼ばれる芯が太く柔らかい色鉛筆が有効です。

・模造紙

模造紙などの大判の用紙は、複数のメンバーで同時に意見を記述し、壁などに貼って掲示できるツールです。他の実習でもよく利用されるようですが、常設の教室ではあまり使いやすいツールではありません。実習では、次の理由から利用されないようです。

模造紙を机上に広げて書き込むには、机上面の段差ができないように、継ぎ目のない大型テーブルを使用しないと書きづらくなります。用紙を保管する際には、丸めたり、折り畳む必要があり、意外と嵩張《かさば》ります。また、模造紙に記述するには、太目のインクペンを用いますが、インクが模造紙の裏に滲みてテーブルを汚すことがあります。対面で記述しようとすると文字の向きが上下逆になるので、一方向からしか記述することができません。記述した模造紙の内容を共有しようとすると、それを掲示するための大きな壁面が必要になります。

●アイデアや提案を掲示するツール

・ホワイトボード（ノート型・折畳型・シート型など）
・フラットボード（必要に応じて利用）
・フレームボード（必要に応じて利用）

●アイデアや提案を推進するツール

・テーブルの形状や配置
・座席の位置
・ツールボックス（目印や投票用の小型付箋などの、簡単な工作道具類一式）

③ファシリテーション

ファシリテーションは、メンバー全員と意思疎通を図りながら、自分たちで設定した目的に向かって成果を創り上げるために、各々のメンバーを主役にして導いていく重要な役割です。とくに、本実習は、テーマ設定からプレゼンテーションまで約5時間で行ないますので、ワークショップ全体の進行状況を常に念頭に置く必要があります。仔細は付録Bにまとめましたので、参照してください。

④プレゼンテーション

最終的な成果発表を行ないます。本実習で必要となる成果物は、創案したビジネスモデルの概要が説明できるボードとプロトタイプ（製品の試作品模型）です。ビジネスモデルの概要は、できるだけ文字による説明に頼らず、イラストや図でまとめます。プロトタイプは紙を素材とした簡易模型で良いですが、製品の特長を明確に示すように製作します。発表は、チームの代表者が単独で行なっても良いし、全員で行なっても良く、厳密な約束はありません。ただし、使用するツールは、アナログ的ツール（画用紙・試作品・ホワイトボードなど）のみの使用に限定します。理由は、デジタル的なエフェクト効果の見栄えによる評価の差異を極力なくすためです。

発表内容は、「チームの基本理念（コンセプト）」、「提案したい商品・サービスの概要」、「予想される発案した商品・サービスがもたらす社会的影響とその対策」の3項目です。とくに、社会的影響に関する説明は、綿密に行なうように示唆します。それが、次の「アセスメント」に大きく関わるからです。

⑤アセスメント

各チームが作成した学修成果に対して、講評とアセスメントをします。講評は、講師が各チームの成果であるアイデアについて、優れている点・特色ある点と、まだ足らない点・努力を要する点を説明しながら行ないます。アセスメントは参加者によるものと講師によるものの2通りがあります。

・参加者によるアセスメント

自分たちのチームを除いたすべてのチームの成果のアセスメントを、参加者全員が個々に行ないます。参加者は、判定ポイント（1000ビルの持ち金）を持ち、自分が投資しても良いと考えるチームに付与します。ポイントを全部使い果たす必要はありません。投資に値しないアイデアしかなければ、投資しないという選択肢もあるからです。チームの中で、最も多くの投資を受けたチームが最優秀チームとして賞賛されます。

・講師によるアセスメント

実習の終了後に、参加した講師（成績評定に直結しない場合はＴＡを含みます）が査定します。判断軸は、成果物の「独創性・新規性」と「実現可能性」の二つの基準で、四段階評価を行ないます。とくに、参加者によるアセスメントの結果、各参加者が投資した総額とその残金の比率を比較して、実習の自己点検・評価を行ないます。各参加者が投資に値しないとして残したポイントが多いほど、実習全体の成果が低かったと判断し、講師側のファシリテーション方法の課題として捉えて自己観照の反省材料にします。

以上が、実習の概要です。

この実習を開始した２０１２年から２０１３年の間は、参加チームによっては期待する結果が出ないことがあったり、考え方や価値観などが相反するメンバー同士が真の合意形成に至らず、成果物をまとめることができなかった例もありました。そのため、実施後にさまざまな改良を繰り返した結果、２０１４年頃から実習が順調に進むようになり、２０１７年以降には、ほぼ紹介した枠組で進めることによって、すべてのチームで一定水準以上の成果を達成することができるに至っています。

実習には、まだまだ開発途上の部分がいろいろありますが、多くの方の実践活動に少しでも参考になれば幸いです。

付録B　名古屋大学体験型講義におけるファシリテーションの実例

名古屋大学では、社会から期待されている資質・能力の醸成を目指すリベラル・アーツ（Liberal Arts）教育のプログラム開発に着手し、現在、大学院共通科目として、四つの体験型講義（「リーダーシップ」「マネジメント」「チーム・ビルディング」「エンプロイアビリティ」）を実施しています。「思考力を鍛える」、「想像力を働かせる」ような資質・能力の醸成を通して、「意識を変える」ことを目的に各コースの設計がなされています。

付録Aは、そのなかの、管理でないマネジメントを学修する三つの実習の一つである「イノベーション発動型実習」の事例を紹介しました。

付録Bは四つの講義それぞれで行なっている、正解が唯一でない創作活動の手法であるワークショップに共通する、ファシリテーションのための具体的な内容を取り上げます。

■ファシリテーションとリーダーシップ（牽引者像）

本学の体験型講義では、学術の多様性の確保から、統率や命令でないリーダーシップ（牽引者像）を追求しており、各体験型講義で実施されるワークショップに共通する方針や考え方になっています。

●ワークショップで求められるリーダーシップ

・俯瞰的視座を保持することができる

自分の意見を強要せずに、自分の個人的意見を控えて、メンバー全員の意見交換を誘導し、建設的な方向に議論を導くことができる姿勢や態度です。また、意見交換の際には、メンバーの中に傍観者を作らないために、発言が消極的なメンバーに対しては、声かけによる自発の機会を作ります。

・メンバー全員を公平（フェア）に扱うことができる

議論を進めるなかで、各メンバーの意見を採択する際に、多様性を大切にし、アイデアをプラス面とマイナス面の双方から捉えることで偏重を回避します。また、仲良しのメンバーや従属意思を示すメンバーへの偏りなど、主観的で依怙《えこ》贔屓《ひいき》するような進行に陥らないように心掛けます。

・スケジュールの調整ができる

限られた時間の中で、ワークショップ全体の進行状況を判断しながら、タイムスケジュールに留意し、交換された意見を集約し、メンバー全員の合意を得る必要が起こります。徒《いたずら》に議論に時間を費やすことで、それで仮にチーム内の雰囲気が盛り上がったとしても、成果物の構築に至らないならば、優れたチーム活動ということはできないからです。

●チームリーダーの選出

初対面であっても、リーダーの選出は自発的な立候補を第一優先とし、かつメンバー全員の同意を基本とします。立候補によらずメンバーの推薦で決めると、概ね年長者か声高のメンバーが選ばれる傾向が見られます。また社会人が含まれると、職階や年功の長じた方が必然的に選ばれてしまうことが起こります。先に挙げた姿勢や態度が十分でない場合は実習進行の遅れや、実習を行なう意義や意欲を失ったりすることがありますので注意が必要です。

選出方法の中で避けたいことは、ジャンケンや阿弥陀クジのように非主体的で偶発的な結果で選出することです。この場合、選ばれたリーダーのモチベーション維持が困難になることや、実習全体の学修成果を大きく減退させることにもつながります。

■ファシリテーションの基本

ワークショップのファシリテーションには、重要な原則が二つあります。それは、メンバーの意見を否定しない（先入観に支配されない）こと、意見のすべてを肯定しない（多角的・多面的に捉える）ことです。この二つは一見矛盾するように見えますが、両立するべき大切な要件です。

一つめの原則を考えてみましょう。メンバーが奇抜で突拍子もないアイデアを出したときに、ファシリテーターが「そんなことはありえない」「実現できるわけない」「それは違う」と即座に否定してしまう場合があります。このことは、とくに、学問・仕事の実績が優れ、業務遂行能力の高い方がファシリテーターを務めたときに顕著に生じる現象です。もちろん、アイデアを煮詰める段階においては取捨選択する必要がありますが、どんなアイデアであっても、ブレインストーミングの段階で頭ごなしに否定すると、その意見を出したメンバーは、以後、心理的に意見を出しがたくなり、議論への参加も消極的になります。また、アイデアを取捨選択する段階でも「捨案」「没案」など否定的に断定せずに、「予備案」「準備案」というような扱いをすることで、メンバーの参加意欲を削ぐことなく進行させることができます。

二つめの原則は、意見のすべてを盲目的に肯定するのを避けることです。ファシリテーターは、メンバーの考え方の方向性を重視します。論点を整理し、明確にすることで、議論進行の過程でアイデアをまとめて収束させる支援をします。したがって、ファシリテーターは、メンバーが出した意見・アイデアに対しては中立的立場を保持しつつ、俯瞰的視座から創案された数々のアイデアを取捨選択して、道筋を見いだしていかなければなりません。

●ファシリテーションの役割

ワークショップを効率的に進めるためには、ファシリテーションが最も重要な要素です。ファシリテーションが十分でないと、徒に《いたずら》空回りする議論が長時間続いて時間の浪費をしたり、意見が対立したままとまらず、成果物を作成することができないことも起こります。

主なファシリテーション・ワークは次の通りです。

・進行状況（タイムスケジュール）の把握
・議論の誘発と記録
・論点の整理
・アイデア発案者への敬意（リスペクト）

●進行状況（タイムスケジュール）の把握

ファシリテーターは、最終的なゴールである成果物の作成という目的を達成するために、指定された時間の中で、アイデアの発現、検討議論、考え方のまとめ、作品製作などの各過程の進行状況を把握します。ポイントは、メンバーから初期的なアイデアをできるだけ多く引き出すためにアイデア発現の時間を十分に確保することで、議論や検討が膠着状態に陥ったら、発想転換をするために休憩時間を設定します。休憩時間をとるタイミングは、メンバーの疲労状態の程度にもよりますが、アイデアがほとんど発現しない場合は1時間後に5分程度、アイデアの発現が続いているときでも、概ね開始時点から120~150分程度に15分~20分程度のまとまった休憩時間（脳の中休み）を設けます。休息はワークスペースを離れて他の場所でとる方が気分転換の効果が高くなります。

●議論の誘発と記録

ファシリテーターの中心的な仕事は、メンバー同士の議論を建設的な方向へ誘発することと、それらを随時記録し、メンバー全員で共有させることです。議論を誘発する際に目配りをして、メンバー全員が発言できるように促します。一般的な会議や打ち合わせなどでは、議論の主導権は、声高なメンバーや議論されるテーマに興味が強い、または詳しい知識を持っているメンバーに偏る傾向があります。また、内向的な性格のメンバーは、決して意見がないのではなく、発言の内容を熟考していたり、自分が発言するタイミングを推し量っていたりすることもあります。ファシリテーターは、そのようなメンバーに対して個別に意見を求め、自分のアイデアを十分に説明ができる場作りに努めます。

ワークシートと付箋を使用すると、効果的に議論を進めることができます。ワークシートは、ワークショップにあまり慣れていないメンバーが多い場合、また議論の方向性がなかなか見いだせない場合に使用すると、取り組まなければならない課題や考察するべき要件を明らかにすることができるので、議論を活性化させる効果があります。ワークショップで使用するワークシートとして、定型の用紙で4種類の基本シートを用意していますが、取り組んでいるテーマによって、ファシリテーターが内容をアレンジすることも可能です。

実際、一つの演習テーマで使用するワークシートは2枚程度が適当です。3枚以上になると、シートの項目を埋めることに専念し、目的である成果物を構築する意思が疎かになってしまうからです。ワークシートは、アイデアを整理し、思考や議論の方向性を定めて適切な方向に導くための手段として活用します。

付箋を使う利点は、書いたアイデアを一時的に記録することができ、散発的に発言された意見を他のアイデアのそばに置いて関連づけられることや、繰り返し貼り換えて自由に取捨選択できることです。個々のアイデアは、出されたときには大した内容ではないと思われても、後から出された他のアイデアと組み合わされることで重要な価値を生み出すことがあるので、「その他」という範疇でまとめておきます。とくにアイデアは、口頭で言うだけで終わらせると消えてなくなってしまいます。ホワイトボードなどに書き込んでも、議論を進めて行く過程で、消されてしまうことがあります。発現されたアイデアは、必ずその場で付箋などに記録し、いつでも利用・再利用できるようにしています。

議論の進行や内容を記録しておくことは、ワークショップにおいてとても重要です。なぜなら、議論は一方通行的に直線的に進行するのではなく、発展させたアイデアを一時的に保留したり、アイデアを入れ子状態にして思考することが多くあるためです。また、時間をかけて発展させてきたアイデアが、その過程で実現不可能であるとわかり、頓挫してしまうことも多くあります。その場合、自分たちの議論や思考のどの段階が良くなかったのかを振り返る必要が出てきますが、思考プロセスを記録していないと、どこで誤ったのかわからなくなります。その結果、最初から議論し直しになり、それまでに費やしていた時間と労力がすべて無駄になってしまいます。そのために、発現されたアイデアは、口頭で言うだけやホワイトボードに書き込むだけではなく、必ず発言したメンバー各自でカードや付箋などに書き込むことを習慣づけるようにします。

とくに、ワークショップでは、専任のスクリプター（記録係）が15分ごとに各グループの進捗状態を記録しています。同時に、参加者がスマートデバイスを使い、ホワイトボードへの書き込みや試作過程を画像として撮影・記録し、事後の振り返りに参照することもあります。

●論点の整理

グループで議論を進めていく過程で、メンバー同士の意見が対立することがあります。とくに多様な人材がチームメンバーとして参加していると、対極的な志向や立場にあるメンバー間で意見が衝突して、お互いに譲れなくなることもあります。他人と異なる意見を持って議論することは、決して悪いことではありません。しかし、それが不本意な方向に行き過ぎると、相手の意見（価値観）を潰すことが目的の勝敗に変質し、互いの個人的・感情的な争いに発展します。結果として、時間と労力の浪費に留まらず、争っているメンバー間に感情的なしこりが残り、創造的な成果物の作成を阻害します。

このような状況が発生した場合、ファシリテーターは対立している意見の要点を書き出し、それぞれに対する問題点や課題を書き加え、課題解決方法をチームメンバー全員で考察することが重要です。そして双方の問題・課題に対する解決方法が見つからない場合、原点に立ち戻って、目的を再確認します。対立している意見は当事者だけで議論させず、お互いの論旨をメンバー全員で共有化した上で、客観的な議論ができるような場を作り出します。紛糾したときには、ファシリテーターはどちらかの意見に感情的な一方的肩入れすることを避け、建設的な方向に議論が進むよう導きます。対立する意見は、それを発言したメンバーの個人的価値観や信条と密接に関係しているので、論点を変えます。

●アイデア発案者への敬意（リスペクト）

最後に、ファシリテーションの最も重要な基本姿勢は、アイデア発案者へのリスペクトです。往々にして、アイデアを加工したり組み合わせて、最終形態に近いものをまとめたメンバーに功があるように思われがちです。一方、成果構築に貢献した重要なアイデアを最初に出したメンバーは、忘れ去られた存在になりやすく、貢献の対象から外されてしまうこともあります。このような傾向が強まると、新しく斬新な（そして決して報われない）アイデアを、他人が出すのを待つだけになります。このような受身状況になると、チームメンバーは、斬新なアイデアを率先して出すことを止め、創造性に富んだ成果を達成する風土ができなくなってしまいます。

議論の進行がどのようなプロセスを経たとしても、最終成果の中核になったアイデアを創出したメンバーは、それをまとめあげたメンバーに匹敵するリスペクトを受ける文化を醸成する必要があります。

以上が、体験型講義で実施しているファシリテーションの概要です。

対象としたワークショップは、文理融合教育を指向する情報文化学部（現、情報学部）の「情報システム」で2010年に始めた特別講義「伝わるように伝える」が出発点です。大学院課程では環境学研究科の「マネジメントシステム論」で行なった経営の質と組織学習を重視する組織経営のあり方を学ぶ「ケース・メソッド」から始め、さまざまなワークショップを試みました。これらの整理・統合により、博士課程教育リーディングプログラムとして、すべての研究科の大学院生が受講できる形へと展開し、現在に至っています。

組織の多様性を確保しつつも、共通の価値観を追求するために、掲げた理念の実現を通して未来展開を考える、個人の自由度を尊重しつつ、個の力を結束する、それらは業種業態を超えて共通するリベラル・アーティスト（Liberal Artist）の資質・能力と考えています。

註

〈はじめに〉

註0-1-1 当時のテレビ受像機の価格は、高校卒業者の公務員初任給の30倍以上であり、個人で購入できる人は限られていました。そのため比較的早い段階で、駅・公園・デパートなどに設置された「街頭テレビ」でテレビ番組を視聴するという習慣が、国民一般に定着しました。また、テレビ受像機を購入した富裕層が、近所に住む人たちを自宅に集めて、鑑賞会を催したりする文化も広まり、テレビから発信される情報は、大きな影響力を持つようになりました。

註0-1-2 内閣府の「長期経済統計」の「国民経済計算」によれば、国内総生産（GDP）は、1955年度は8兆8077億円でしたが、1961年度には20兆6631億円と倍以上に推移しています。

註0-1-3 厳密にいえば、輸入する原材料費と比較して、その後の製造コストが著しく低くすることができれば、原材料を安値で輸入できた分を利益に上乗せできる可能性はあります。しかしこれは、ブランド・ビジネスのように、実質的な生産コストに対し後づけする付加価値が極端に高い場合には成り立ちますが、一般的な消費財の生産にはあてはまらないことが多くあります。

註0-1-4 日本型マス・プロダクションのもう1つの特徴が、製造のノウハウが「現場」にあることです。日本の企業は、伝統的にOJT（On-the-Job Training）やTQC（Total Quality

Control）活動が活発で、多くの企業が推奨しました。生産クオリティや効率を上げる「Kaizen（改善）」のノウハウを、製造に直接携わるメンバーに発案・実行させて評価還元することと、それを継承することを委ねる仕組みです。この仕組みの欠点は、製造ノウハウが「現場」に集約されてしまうので、不況時に生産調整のためのリストラクチャリングを行なってしまうと、製造ノウハウのほとんどが消失してしまうことです。米国の一部のグローバル企業では、製造に関するすべてのノウハウは、すべて中央組織で開発・プログラミングすることで一括管理しています。TQM（Total Quality Management）と呼ばれています。そのため、特定の生産拠点の採算が悪くなれば、製造設備ごと他拠点に容易に移転させることができます。

〈第1章〉

註1-1-1 総務省・情報通信統計データベースの「携帯電話・PHSの加入契約数の推移」によると、平成29年12月末の携帯電話とPHS合計の契約数が1億7012万8499件であり、日本の総人口に対して133・9％の普及率になります。

註1-1-2 総務省「通信利用動向調査」によると、2013年の携帯電話・PHSの保有率が38・9％に対してスマートフォンは39・1％でしたが、2016年には、携帯電話・PHSが33・6％に対しスマートフォンは56・8％と大きく逆転しています。

註1-2-1 ソリューションにおける「共感」とは、相手の攻撃的な意思や要求（課題）に対して、攻

撃的に迎え撃つような否定的な対応をするのではなく、相手の状況を理解し、肯定的に受け入れた上で応対側（課題解決側）自らの意思・意見を修正（否定）しながら調和させ、寄り添って紡ぐことです。攻撃的な意思や要求に対して攻撃的な対応策を講じると、対象はさらに攻撃的な反応を示し、それがお互いにエスカレートしていくだけで、根本的な解決をすることはできません。（COLUMN 1 参照）

註1−2−2

「自然淘汰説（natural selection）」は、1859年にダーウィンとウォレスによって体系づけられました。収斂進化の具体例として、イルカと鮫、オーストラリア大陸に生息している有袋類と有胎盤類の形態を挙げることができます。

註1−2−3

英国の小説家H・G・ウェルズ（Herbert George Wells）は、1895年に発表したSF小説『タイムマシン（*The Time Machine*）』の中で、人類が単純労働階層で食人種のモーロック族と、かつての支配階層が退化衰退したイーロイ族に二分化した世界を描きました。ウェルズは、社会主義思想に傾倒していたため、資本主義がもたらす顛末としての世界を描いたといわれています。奇しくも、「AI」というものが、多くの人間が携わっている比較的難易度の低いソリューション・ビジネスを代替することによって、このようなディストピア社会を切り開いてしまうのかもしれないですね。

註1−3−1

携帯電話機は、機械式のプッシュボタン機能を保持しつつ、文字表示が中心の小型スクリーンを併せ持つことで、付帯的な価値として、メールやインターネットなどの視覚情報によるコミュニケーション機能を段階的に獲得していました（ソリューション・持続的イノベーション）。スマートフォンは、携帯電話の本質的な価値である「音声通話コミュニケーション機能」と、この付帯的な価値を入れ替えた「価値の転換」であると理解することもできます。

註1-3-2 Rocío Lorenzo, Nicole Voigt, Karin Schetelig, Annika Zawadzki, Isabell Welpe, and Prisca Brosi. "The Mix That Matters: Innovation Through Diversity" (The Boston Cousulting Group, April 26.2017)

註1-3-3 原文では、「ブラウ指標の中央値より上である０・５９ポイント以上を指し示した企業（companies with Blau index scores above 0.59)」。ブラウ指数（Blau Index）とは、あるグループの民族性、性別、年齢などの類型的な特徴に関して多様性を定量化するための指標である。その数値は、多様性が低いほど0に近づき、高いほど1に近づきます。

註1-3-4 ylvia Ann Hewlett,Melinda Marshall,& Laura Sherbin. "Looking for Innovation in All the Wrong Places." Stanford SOCIAL INNOVATION Review, (Sep. 12, 2013) . 引用は筆者による翻訳。

註1-4-1 須藤美音、久木宏紀、水谷章夫、大内康平、中島靖夫、前田明洋「知識創造空間において必要な空間要素・環境要素に関する研究」（日本建築学会計画系論文集、第79巻、第７０５号、２０１４年11月）

〈第２章〉

註２-１-１　平面上の幾何学を「ユークリッド幾何学（Euclidean geometry）」といいますが、曲面などの平行線公準が成り立たない条件における幾何学を「非ユークリッド幾何学（non-Euclidean geometry）」といいます。

註２-１-２　スタンフォード大学d-schoolは、その校舎の中で繰り広げられる創造的な空間環境の優秀さだけではなく、米国カリフォルニア州の爽快な気候、広大な大学キャンパスの中で騒然と建つ建築物の佇まい、d-schoolの校舎に行き着くまでに遭遇する数々の彫刻アートなどを含めた総合的な環境が、世界最高クラスの学びの場である学修文化を構築していると感じます。

註２-１-３　Mark S. Granovetter “The strength of weak ties.”（1973）*American Journal of Sociology*, 78:1360–1380.「リーディングス　ネットワーク論―家族・コミュニティ・社会関係資本」（野沢慎司編・監訳、勁草書房）「第４章　弱い紐帯の強さ」（大岡栄美訳）より。

註２-１-４　このドラマは、１９９６年にトム・クルーズ主演で映画化され、以降数本に渡ってシリーズ展開されています。この映画版では、仲間が必要に応じて協力するという筋立て構成は薄められ、作戦に参画する各分野のエキスパートたちは、トム・クルーズが大活躍するためのお膳立てとなる引き立て役のような役回りなので、テレビドラマ版とは趣が異なる作品になっています。

註2-1-5

多様な文化を認知することは、日本のように単一的価値観にルールづけられた環境が長期間続いている社会では、馴染みが少なく不必要な要件と考えられがちです。しかし今後、多様な人財を活用することを真剣に考えているならば、それは最も重要な要素になるでしょう。これは、コミュニケーションを活性化させるための原動力である「共感」を創り上げる基礎的なマインドであるからです。

註2-3-1

実際に設計される形状は、完全な円形である必要性はなく、円形利用できるような八角形などの多角形形状になると考えます。また、建築物は一般に長方形であることが多いです。それは、構造的に強度を出しやすい、ゾーニング区分を作りやすい、コストの問題、建てる土地が方形であるなど、さまざまな合理的な理由があるからです。

〈第3章〉

註3-1-1

リベラル・アーツ教育は、大学初年次の「教養教育」と読み替えられやすく、その多くが「専門分野に共通する基礎教育や一般教育」と見なされています。日本の高度成長期には、短時間で役に立つ従事者を養成する必要から、専門性のみに注力する教育が行なわれた結果、特定の専門領域には詳しいけれど、それ以外は知らない、理解できない、関心を持たない人を生み出していました。しかし、現代社会にはさまざまな問題や課題があり、一つの分野の知識や技能だけでは解決することは困難です。また、伝統的な専門の知識・技能に縛られすぎると、新たな解を希求する自発性や創造性を失いかねません。そのために、リベラル・アーツ本来の必要性が見直されています。

註3-1-2 「学力」の3要素（文部科学省・高大接続システム改革会議、2016）

学力を英訳しようとすると適切な語がないことに気づきます。辞書などで検索して出てくる英語は「学術的能力（Academic/Scholastic Ability）」ですが、慣れ親しんでいる「がくりょく」とは違和感を感じます。定義が明確でないものを育てることは、到達度や達成度などを測定できない上、適した手法開発も容易ではありません。高等教育の認証機関では当初、育成するものを学力および資質・能力で表現し、学術的な知識・技能だけでなく、姿勢や態度あるいは意欲の側面も含めていました。こうした再定義により、学力は「～がわかる、～ができる」と表現される知識・技能（Knowledge and Skill）に加えて、「～が身についている」と表現される資質・能力（Competency/Capability）が含められました。後者を態度・姿勢（Attitude）と呼ぶこともあります。

註3-2-1 共同・協同・協働

単に複数が一緒に作業する場合の「共同」（Groupware）、役割分担を決めて行なう「協同」（Coorporation）に対して、協働（Collaboration）は専門性・独自性を有する複数の個が協働・協調しながら価値創造する形態です。協働による協創（Collaborative Innovation）を通して新たな価値創造を目指すような参画者集団を、実践する協働体（Community of Practice）と呼ぶこともあります。

註3-3-1 「考想する（Imagine and Consider what is going to happen from here on)」という言葉は造語です。過去からの因果の延長上で未来を判断する事実前提でなく、ありたい未来を想像

し、起ころうとする前提となるものを洞察しながら、実現を考える価値前提に立脚した意思決定を込めたものです。

参考文献

レイチェル・ボッツマン、ルー・ロジャース『シェア―〈共有〉からビジネスを生みだす新戦略(*Share: What's Mine Is Yours*)』(小林弘人監修、関美和訳、NHK出版、2010年)

日経デザイン編『アップルのデザイン』(日経BP、2012年)

クレイトン・クリステンセン『イノベーションのジレンマ　増補改訂版(*The Innovator's Dilemma*)』(玉田俊平太監修、伊豆原弓訳、翔泳社、2001年)

前田明洋『ナレッジ・コモンズ―グローバル人材を育むキャンパス空間』(日経BP、2013年)

チャールズ・ダーウィン『種の起原(*On the Origin of Species*)』(八杉龍一訳、岩波書店、1990年ほか)

スコット・ギャロウェイ『the four GAFA 四騎士が創り変えた世界(*The Four: The Hidden DNA of Amazon, Apple, Facebook, and Google*)』(渡会圭子訳、東洋経済新報社、2018年)

H・G・ウェルズ『タイム・マシン(*The Time Machine*)』(阿部知二訳、東京創元社、1965年ほか)

Rocío Lorenzo, Nicole Voigt, Karin Schetelig, Annika Zawadzki, Isabell Welpe, and Prisca Brosi. "The Mix That Matters: Innovation Through Diversity." (The Boston Cousulting Group, April 26.2017)

Sylvia Ann Hewlett, Melinda Marshall, & Laura Sherbin. "Looking for Innovation in All the Wrong Places." *Stanford SOCIAL INNOVATION Review* (Sep.12, 2013).

ヘンリー・チェスブロウ『OPEN INNOVATION―ハーバード流イノベーション戦略のすべて(*OPEN INNOVATION: The New Imperative for Creating and Profiting from Technology*)』(大前恵一朗訳、産業能率大学出版部、2004年)

Daniel M. Wegner. "Transactive Memory: A Contemporary Analysis of the Group Mind." *In Theories of Group Behavior*, eds. by Brian Mullen and George R. Goethals, 185-208. Springer, 1987.

Mark S. Granovetter, "The strength of weak ties." *American Journal of Sociology*, 78 (1973):1360-1380.

大石千歳、吉田富二雄「黒い羊効果と内集団ひいき―社会的アイデンティティ理論の観点から」*The Japanese Journal of Psychology*, Vol. 73 No. 5 (2002): 405-411.

野沢慎司編・監訳『リーディングス ネットワーク論―家族・コミニティ・社会関係資本』(勁草書房、2006年)

「スパイ大作戦(*Mission: Impossible*)」(パラマウント ホーム エンタテインメント ジャパン)

須藤美音、久木宏紀、水谷章夫、大内康平、中島靖夫、前田明洋「知識創造空間において必要な空間要素・環境要素に関する研究」(日本建築学会計画系論文集、第79巻、第705号、2014年)

花田愛・森田舞『オフィスはもっと楽しくなる―はたらき方と空間の多様性』(プレジデント社、2015年)

Chris Argyris and Donald A. Schon. *Organizational Learning: A Theory of Action Perspective*. Addison-Wesley Reading Massachusetts, 1978.

W・チャン・キム、レネ・モボルニュ『ブルー・オーシャン戦略―競争のない世界を創造する(*Blue Ocean Strategy, Expanded Edition: How to Create Uncontested Market Space and Make the Competition Irrelevant*)』(有賀裕子訳、ランダムハウス講談社、2005年)

栗本英和「研究開発プログラムの評価と道筋の概念―「道筋」によるU字型アセスメント、（第Ⅱ部）挑戦的な研究開発を促進するための新しい研究開発評価のあり方」（文部科学省 平成28年度研究開発評価シンポジウム、2016年）
[http://www.mext.go.jp/component/a_menu/science/detail/__icsFiles/afieldfile/2017/05/16/1385199-1.pdf, 2019.02.18]

栗本英和「協創型価値創造における知と概念のマネジメント」（平成30年度秋学期・物質環境学セミナー資料、2018年）

国立教育政策研究所「社会の変化に対応する資質や能力を育成する教育課程編成の基本原理」（平成24年度プロジェクト研究調査報告書、Pages 13-15、2013年）

計測自動制御学会『改訂　自動制御便覧』（コロナ社、1968年）

清水謙杜「協働学習プロセスのアクティビビティ解析に関する基礎的研究」（平成29年度名古屋大学環境学研究科修士論文、2018年）

中央教育審議会「学士課程教育の構築に向けて（答申）」（2008年）

中央教育審議会「新たな未来を築くための大学教育の質的転換に向けて～生涯学び続け、主体的に考える力を育成する大学へ～（答申）」（2012年）

中央教育審議会「新しい時代にふさわしい高大接続の実現に向けた高等学校教育、大学教育、大学入学者選抜の一体的改革について～すべての若者が夢や目標を芽吹かせ、未来に花開かせるために～（答申）」（2014年）

中部地域大学グループ・東海Aチーム「アクティブラーニング失敗事例ハンドブック」（文部科学省「産業界ニーズに対応した教育改善・充実体制整備事業―中部圏の地域・産業界との連携を通した教育改革力の強化」2014年）

中部地域大学グループ・東海Bチーム「インターンシップ失敗事例ミニハンドブック」（文部科学省「産業界ニーズに対応した教育改善・充実体制整備事業―中部圏の地域・産業界との連携を通した教育改革力の強化」2015年）

野中郁次郎・竹内弘高『知識創造企業』（梅本勝博訳、東洋経済新報社、1996年）

林勇吾「価値創造過程における協働作業の可視化とファシリテーションの効果分析―名古屋大学大学院共通科目を事例として」（平成30年度名古屋大学環境学研究科修士論文、2019年）

溝上慎一「アクティブ・ラーニング導入の実践的課題」（名古屋高等教育研究、第7号、Pages 269-287、2007年）

文部科学省「高大接続システム改革会議：最終報告」（2016年）

栗本 英和（くりもと・ひでかず）

国立大学法人名古屋大学 教養教育院
教授・副院長（教育の質保証）

1956年生まれ。

1981年に名古屋大学工学研究科博士前期課程修了後、化学プロセスの動的最適化の研究に従事する。1993年に創設された情報文化学部（現、情報学部）で文理融合の教育研究に携わる。

2004年から評価企画室にて経営の質や学習組織の視座による、法人評価や認証評価に資する業務基盤の構築に従事する。また、教養教育院にて資質・能力の醸成を目指すLiberal Arts教育の開発を始め、大学院共通科目の体験型講義を担う。

日本学術振興会プロセスシステム工学143委員会委員、中部生産性本部・中部経営品質協議会運営委員長、日本ナレッジ・マネジメント学会理事ほか、日本e-Learning大賞（第8回奨励賞、第9回アクティブラーニング部門賞）、工学博士。

前田 明洋（まえだ・あきひろ）

株式会社オカムラ フューチャーワークスタイル戦略部
はたらくの未来研究所 プリンシパル・リサーチャー

1962年生まれ。

1985年明治大学卒業後、株式会社オカムラに入社。空間デザイナーとしてオフィス環境、教育環境、とくに大学施設を中心とした設計・デザイン業務に携わる。

2006年に、知識創造空間に関する分野の研究職に着任。国内外の先進的な創造的空間環境の視察・調査を行ない、理想的な協創環境の模索を始める。

2013年に、大学教育環境における知識創造空間についての提案書である書籍『ナレッジ・コモンズ』（日経BP社）を出版。

ネクサス・コモンズ
イノベーションを超える創生空間のつくり方

2019年10月1日　第1版第1刷発行

著　者　前田明洋《まえだあきひろ》
　　　　栗本英和《くりもとひでかず》
発行者　中村幸慈
発行所　株式会社　白揚社
　　　　〒101-0062　東京都千代田区神田駿河台1-7
　　　　電話　03-5281-9772
　　　　http://www.hakuyo-sha.co.jp

装幀・デザイン　株式会社トンプウ（目黒一枝・島崎未知子・尾崎文彦）
印刷・製本　中央精版印刷株式会社

ISBN978-4-8269-9064-6